IMAGINIERÍA

EL PROCESO CREATIVO QUE DA VIDA A TUS IDEAS Y PROYECTOS

PAOLO Y KAREN LACOTA

e625.com

e625.com

Imaginieria
Paolo y Karen Iacota

Publicado por especialidades625® © 2021
Dallas, Texas.

ISBN 978-1-946707-60-4

Todas las citas bíblicas son de la Nueva Biblia Viva (NBV) a menos que se indique lo contrario.

Editado por: Marcelo Mataloni
Diseño de portada e interior: Creatorstudio.net

CONTENIDO

INTRO

Todos alguna vez hemos cerrado los ojos y soñado. Proyectamos y vamos para adelante, pero la vida no siempre sale acorde a nuestros planes, ¿cierto?

Sobrevienen los cambios y las incertidumbres, experimentamos algunos giros en la trama, atravesamos por momentos que parecen una montaña rusa de emociones —con sus picos y valles, sus cimas y sus llanuras—, y sin embargo todo esto forma parte del gran regalo que es la vida; es lo que nos permite disfrutarla, descifrarla, valorarla, sufrirla cuando nos toca y apreciarla cuando nos alecciona.

La vida constantemente nos pone ante encrucijadas y nos empuja a tomar decisiones, son esos momentos donde aprendemos a ser responsables de nuestra felicidad. Tenemos planes y corremos tras ellos, pero a veces la realidad sin previo aviso nos choca de frente, y es entonces cuando surgen los grandes interrogantes de la vida:

- ¿Cómo me recupero de los errores que cometí en el camino hacia el futuro que imaginé?
- ¿Cómo convierto este fracaso en un aprendizaje que me sirva?
- ¿Cómo desarrollo ese hábito de alto rendimiento que tanto necesito en mi vida?
- ¿Cómo paso de imaginar el futuro a accionar, y del miedo al coraje?

PAOLO Y KAREN LACOTA

A todos nos ha pasado (salvando las distancias y las diferentes latitudes) que llega un momento en nuestras vidas donde nuestros sueños de niños y adolescentes se hacen añicos. Nos damos cuenta de que las cosas no son tan sencillas como las habíamos imaginado; son momentos en los que descubrimos que la vida se nos escurre como agua entre los dedos y que probablemente no volvamos a recuperarla del mismo modo en que queríamos vivirla. ¡Ocurre!

Nadie planifica su futuro y piensa: «Echaré todo a perder en mi lugar de trabajo» o «Arruinaré mi carrera profesional por una mala decisión». No está en tus cálculos que la espera de encontrar al amor de tu vida tarde más de la cuenta hasta el punto en que estés al borde de renunciar a la idea de formar una familia.

Nadie sueña con su futuro y piensa: «Cuando esté disfrutando de mi familia el dinero no nos alcanzará», así como no se contemplan en la ecuación las malas temporadas que sofocan las finanzas y generan un gran estrés familiar. Nadie se casa pensando que en unos meses se divorciará y tendrá que empezar de cero; tampoco nadie se adentra a una relación de noviazgo diciendo: «En los próximos meses habrá un embarazo no deseado y eso acabará con las ilusiones de continuar con esta relación».

Esos no son escenarios que nos proponemos atravesar; no obstante, la vida está empapelada con este tipo de situaciones, de esas que nos dejan totalmente desconcertados, donde sentimos el golpe de la colisión que nos desorienta y nos aleja del destino al que queríamos llegar. Es en esta encrucijada de la vida donde algunos pierden su destino para siempre, donde dejan que, por un error en sus vidas, toda su vida se convierta en un error.

¿Y entonces qué ocurre? Vivimos resignados, con una mochila llena de remordimientos por lo que hicimos mal, cargada de todo lo malo que nos tocó vivir, repleta de aquellas cosas que juramos no hacer (pero ante las que terminamos sucumbiendo). Llevamos esa mochila de la culpa, la vergüenza y la desilusión que hacen mella en nuestras vidas y nos dejan a la deriva como en medio de un río revoltoso.

Pero… ¿realmente está todo perdido? ¿De verdad no hay forma de reencauzar nuestro futuro? ¿La felicidad es algo que hemos perdido para siempre? Si fuera así, prácticamente ningún ser humano hubiese tenido oportunidad de alcanzar un futuro que hasta ese momento parecía impensado.

A veces la felicidad está a la vuelta de la esquina de lo inesperado y de aquello que no hemos planificado, en medio de nuestras contradicciones y en el proceso de la superación de nuestras mayores desilusiones; está presente en el aprendizaje de dejar atrás el pasado y superar el dolor. Es al sortear y superar las tormentas de la vida donde empezamos a ver el sol nuevamente. Alguien dijo alguna vez: «Ningún mar en calma hizo experto a un marinero».

Todos transitamos temporalmente la senda donde creemos que todo está finalmente perdido, portando un equipaje cargado de frustraciones y desmoronamientos emocionales; por eso no dejes que este tramo de la vida te desaliente, sino enfócate en recalibrar tus pensamientos y no dejar que tu añorado «Algún día…» se aleje cada vez más hasta volverse irrealizable y utópico. Recuerda: fuimos dotados de una capacidad singular que nos permite tomar las riendas de nuestras vidas y asumir decisiones cruciales que ponen en nuestras manos la capacidad de imaginar, de cambiar, de crecer, de reinventarnos y de desarrollar lo que necesitamos para alcanzar el futuro que anhelamos.

Es justamente nuestra capacidad de reacción en las temporadas difíciles lo que marcará la diferencia. ¿Dejaremos que los sinsabores, los desencantos, las desilusiones, las pérdidas, los despidos, los emprendimientos frustrados y tantos otros golpes que nos asesta la vida tengan la última palabra y arruinen nuestra felicidad?

El genial escritor, poeta, dramaturgo y periodista uruguayo Mario Benedetti decía: «No te rindas, que la vida es eso: continuar el viaje, perseguir los sueños, destrabar el tiempo, correr los escombros y destapar el cielo».

El pasado está en nuestra mente, ¡pero el futuro está en nuestras manos! Empecemos fijando los pensamientos en entender que no podemos cambiar el pasado y que tampoco podemos editar nuestra vida y eliminar todo lo que hemos vivido —y de lo que no estamos muy orgullosos— pero sí podemos aceptarlo, aprender de él y mirar el futuro. Esto nos ayudará a sacar lo mejor de lo peor y a encontrar la luz del sol en medio de la oscuridad de las tormentas de la vida.

Todo cambio que anhelemos ver o provocar tiene que comenzar con nosotros mismos, en lo profundo de nuestro interior. Debemos abandonar las excusas, dejar atrás aquellas experiencias que hoy no son modificables y abrazar los esfuerzos necesarios para lograr los cambios que necesitamos.

En las próximas páginas encontrarás ayuda para establecer estrategias y redireccionar el rumbo de tu vida, elaborar un plan de contingencia y desarrollar una audaz capacidad de reacción.

Nuestras elecciones y reacciones pueden modificar cualquier escenario, por más adverso que parezca: al final del día, lo que cuenta y lo que vale la pena entender es que nunca es tarde para ser la persona que podemos llegar a ser.

El futuro se crea en el hoy, así que necesitamos ser intencionales si anhelamos ver cambios. Todo empieza en la renovación de nuestros pensamientos y en permitirnos la libertad de crear la vida con la que soñamos. ¡De verdad es posible!

Da vuelta la página. Aquí empieza tu *imaginería*.

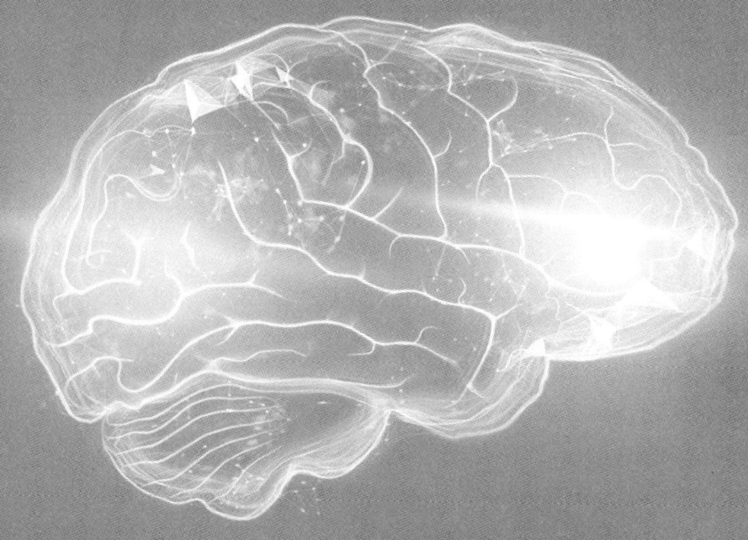

LA IMAGINACIÓN

1
REIMAGINA

La adversidad hace que algunos hombres se rompan,

y hace a otros romper récords.

- William Arthur Ward -

El pequeño Walter tuvo una niñez y una adolescencia bastante ajetreadas. Si lo vieras de lejos y sacaras conclusiones rápidas (como estamos acostumbrados a hacer) no te impresionaría un estudiante así y no esperarías mucho del futuro de un muchachito con sus características.

La rutina cotidiana de Walter era vivida al extremo y cualquier mortal con esa dinámica de vida sentiría el peso de un ritmo tan lleno de responsabilidades.

Estando en plena edad escolar, Walter tuvo que sobrevivir a muchos sofocones en el colegio. Era considerado un alumno entre regular y malo, con problemas de concentración y atención y, sumado a eso, constantemente se quedaba dormido durante las clases.

Por supuesto que había razones detrás de todo esto: el pequeño Walter ayudaba a su padre en su trabajo repartiendo periódicos en la ciudad de Kansas. Este trabajo lo hacían juntos a partir de la medianoche, por lo que en lugar de dormir, descansar y recuperar fuerzas para la siguiente jornada lectiva Walter tenía que recorrer las calles de la ciudad toda la madrugada hasta cumplir con la misión asignada.

Con el correr del tiempo el padre de Walter pudo cambiar de trabajo y eso les permitió volver a vivir en Chicago, ciudad en la que había nacido.

Fanático de los trenes, a los quince años Walter consiguió

trabajo de vendedor de periódicos y golosinas a los pasajeros del ferrocarril. A los diecisiete años se alistó en el ejército, pero lo rechazaron porque no tenía la edad suficiente para enrolarse, y fue entonces que comenzó a demostrar destellos de creatividad falsificando sus documentos para lograr ingresar al cuerpo de ambulancias de la Cruz Roja.

El final de su entrenamiento militar coincidió con el término de la guerra, entonces fue trasladado a Francia para seguir sus funciones como chofer de ambulancias. Llegar a Francia fue un detonante de inspiración para Walter: su geografía, sus paisajes épicos e históricos fueron impregnándose en su mente y lo motivaron a dibujar. Comenzó a pergeñar algunas pequeñas historias de castillos medievales, princesas, madrastras malévolas y heroicos príncipes azules.

Transcurrieron algunos años y retornó a los Estados Unidos, dejando la milicia para sumergirse a una carrera artística y creativa. Empezó a trabajar en una agencia donde redactaba para periódicos, revistas y cines, y allí conoció a Ubbe Iwerks, quien sería su socio y compañero en su larga carrera como emprendedor.

Al quedarse sin trabajo, junto a Ubbe formó una compañía, pero dada la poca experiencia que tenían, tras solo un mes en el mercado tuvieron que cerrarla.

Walter trabajó dos años más para ganar experiencia y armó otra compañía. La inspiración de Francia y todas aquellas ideas de su tiempo en ese país volvieron: las historias de castillos, princesas, malvados, y príncipes azules. Entonces se concentró en *La Cenicienta*, *El gato con botas* y otros cuentos clásicos con ese estilo. Después de crear su último y más ambicioso corto hasta el momento, *Alicia en el país de las maravillas*, la situación financiera del estudio se volvió insostenible y volvió a quebrar.

Walter Elias Disney (alias *Walt*) una vez más se quedaba sin proyecto, sin emprendimiento, sin trabajo y sin dinero, pero eso no lo detuvo. Viajó de Kansas a Hollywood con solo cuarenta dólares en el bolsillo ya que quería ser director de películas, pero debido a su inexperiencia no logró atraer la atención.

Ya sin ingresos —pero con mucho recorrido sobre sus espaldas, mayor destreza y dedicación—, empezó otra vez de cero, pero en esta oportunidad en sentido ascendente. Al poco tiempo creó con su hermano *Disney Brothers Studio*, el eje central de lo que más adelante sería la famosa *Walt Disney Company*.

Un día, en un viaje en tren regresando de Nueva York, Walt bocetó a Mortimer que, por sugerencia de su esposa, sería rebautizado como *Mickey Mouse*.

La idea con Mickey Mouse empezó como un corto de animación para cine mudo; sin embargo, no logró atraer la atención de ningún distribuidor. A pesar de esto, Walt —que había aprendido a no renunciar a sus convicciones— intuyó que tenía un personaje especial y en lugar de tirarlo a la basura lo reformuló.

> **WALT INTUYÓ QUE TENÍA UN PERSONAJE ESPECIAL Y EN LUGAR DE TIRARLO A LA BASURA LO REFORMULÓ.**

Esta vez lo pensó en un formato compatible para el emergente cine sonoro y, para abaratar costos, le puso su propia voz tanto al ratón como a su novia, Minnie.

Muchos de sus competidores suponían que el cine de animación sonoro sería una moda pasajera, pero Walt no lo creyó así y lanzó en 1928 el cortometraje *Willie y el barco de vapor*, el cual tuvo excelentes críticas. A partir de ahí, tanto Walt como Mickey no dejaron de crecer.

De hecho, en este libro abordaremos varios acontecimientos —como los mencionados anteriormente— de la biografía e historia de Walt Disney como emprendedor e ícono de la creatividad; sin embargo, no haremos alusión a la corporación que sobrevino después con todo lo que implica la marca Disney, con sus diferentes productos y filosofía.

PAOLO Y KAREN LACOTA

Imaginiería

El tiempo ha pasado y la influencia de aquel muchachito oriundo de Chicago en quien nadie creía se ha expandido a niveles inimaginables: hoy resulta prácticamente imposible hablar del escenario, el entretenimiento, el cine, la producción, la animación, la magia y la fantasía sin dedicar unos minutos a hablar de la *imaginiería* de Walt Disney.

Imaginiería. Esta fue una palabra inventada y patentada por Walt. Cada vez que se le preguntaba acerca de su éxito, él respondía:

> *En realidad, no hay ningún secreto en nuestro enfoque. Seguimos adelante, abriendo puertas, y haciendo cosas nuevas porque somos curiosos, y la curiosidad nos permite abrir nuevos caminos. Siempre estamos explorando y experimentando.... lo llamamos imaginiería.*

IMAGINACIÓN + INGENIERÍA = IMAGINIERÍA

Es la mezcla de imaginación creativa y conocimiento técnico. La *imaginiería* es el plan maestro de Walt Disney Company: el desarrollo creativo, el diseño, la ingeniería, la producción, la gestión de proyectos y el brazo de investigación y desarrollo.

Esto es el arte que Walt tuvo que desarrollar en su propia vida para reinventarse luego de cada intento fallido en sus emprendimientos, y para inspirar nuevas perspectivas y trazar nuevos trayectos de acción ante las situaciones que iban suscitándose en el largo recorrido de su formación profesional.

Luego de que la Walt Disney Company logró despegar, Walt conformó un equipo de alto rendimiento con todos los aditamentos mencionados en los párrafos anteriores.

El equipo actual de imaginiería en la Walt Disney Company que se encarga de crear sus parques temáticos está conformado por diferentes profesionales: ingenieros civiles y mecánicos, diseñadores de vestuarios, escultores digitales, mecánicos de paseos, comediantes de improvisación, diseñadores dimensionales, escultores, especialistas en efectos especiales, pintores, expertos en colores, arquitectos, directores creativos, matemáticos, expertos en robótica, carpinteros, compositores y hasta personas que diseñan los olores.

Si trasladamos esto al ámbito de nuestro proyecto de vida, es igual de útil, vital y determinante. No se trata solo de soñar e imaginar el futuro que queremos: un proyecto de vida requiere trabajo, enfoque, dedicación, disciplina, investigación, desarrollo y autogestión, además de inversión y una serie de renuncias que haremos en el camino para ajustarnos a lo que estamos proyectando.

> **NO SE TRATA SOLAMENTE DE EMOCIONARSE E IMAGINAR SINO TAMBIÉN DE DAR PASOS PARA CONCRETAR LO QUE ESTAMOS VISUALIZANDO.**

No se trata solamente de emocionarse e imaginar sino también de dar pasos para concretar lo que estamos visualizando: si es un negocio, hacer un estudio de mercado; si es un emprendimiento, investigar y reunir toda la información posible del rubro al que queremos incursionar; estudiar, hacer una revisión e inventario para prever lo que necesitamos, fortalecer nuestra educación financiera, planificar e ir evaluando los avances y más. Por eso, creemos que no hay mejor ilustración que la del concepto de *imaginiería*.

Esa combinación de la imaginación creativa y el desarrollo del conocimiento técnico nos llevará del papel y el lápiz a un plan y acciones que nos permitirán trazar la ruta, ajustar, reajustar y replantear los cambios necesarios para seguir progresando.

Si puedes creerlo puedes crearlo... *Creer* y *crear* están a solo una letra de distancia, y es la «A» de «acción». Es que nada es producto de la casualidad sino más bien de causa y efecto, siembra y cosecha, plan y acción.

Por eso es que nos sentimos inspirados, emocionados y nos ilusionamos tanto al ver una película o al visitar algún parque de atracciones de Disney. Un reconocido *youtuber* mexicano, inspirado en los parques de Disney, recitó estas líneas:

Hay lugares donde los castillos son de plástico, pero los sueños son reales. Para mí, Disney World tiene un significado especial en mi vida. Es regresar a un lugar donde he construido nostalgias que se quedan clavadas en el alma, donde mundos artificiales han creado momentos de felicidad verdadera. Aunque al final, los lugares, los momentos y hasta las personas serán solo un recuerdo que nos empaña la mirada, mientras sonreímos agradecidos con la vida.

Es así como nos sentimos en este preciso momento, echando a volar nuestra imaginación al escribir, sentados en los asientos 5D y 5F en un vuelo de California a Panamá, viajando junto a nuestras hijas de regreso a casa luego de unos días inolvidables donde compartimos un par de conferencias; así que, a la vez que nos disponemos a escribir pensamos en lo mucho que tenemos para agradecer, y además es momento de planificar lo que viene.

AUNQUE VIVIMOS EN UN MUNDO CAMBIANTE, PODEMOS ABRAZAR UNA VIDA DE EXPECTATIVAS, ASOMBRO Y CREATIVIDAD.

Nos entusiasma pensar en el futuro, y aunque no sabemos cómo será, podemos imaginarlo, podemos dibujar un boceto en nuestras mentes y en nuestras oraciones y lanzarnos a lo que vendrá sabiendo que, aunque vivimos en un mundo cambiante, podemos abrazar una vida de expectativas, asombro y creatividad.

El futuro que imaginas es el que estás creando, así que puedes ser intencional en mejorarlo; no debes simplemente sentarte a esperar a que el futuro te alcance, puedes enfocarte deliberadamente en crearlo y organizar tu vida para alcanzar lo que aspiras.

Nuestro equipaje mental

La realidad es que todos somos responsables del 100% de nuestras acciones (buenas y malas), de nuestros aciertos y errores, pero todo comienza en lo que pensamos, porque con nuestros pensamientos vamos creando nuestro futuro y, tarde o temprano, estos se dejan ver por medio de nuestras acciones.

Hay pensamientos que nos permiten construir y avanzar y también hay pensamientos que nos dejan estancados e inmóviles. Antes de iniciar el viaje a nuestro futuro, amerita hacer una revisión para saber de qué está cargado nuestro equipaje mental.

ANTES DE INICIAR EL VIAJE A NUESTRO FUTURO, AMERITA HACER UNA REVISIÓN PARA SABER DE QUÉ ESTÁ CARGADO NUESTRO EQUIPAJE MENTAL.

Por eso, al escribir estas líneas lo hacemos pensando en ayudarte a que puedas imaginar y realizar garabatos de tu futuro, como una hoja de ruta para ayudarte a dejar el pasado donde tiene que estar, a reprogramar tus pensamientos, a gestionar tus emociones y desarrollar la capacidad de visualizar un pequeño bosquejo del futuro que anhelas, sin cambiar el rumbo ante los constantes reveses de la vida.

¿Qué determina el futuro de una persona? ¿Por qué algunos con un futuro prometedor quedan en promesa y otros que parecieran a la deriva terminan adueñándose de un futuro impensado? Estos son los interrogantes sobre las cuales nos gustaría que naveguemos hasta encontrar algún tipo de respuesta juntos.

La vida del presente y el futuro es y será desafiante, y esto no tiene que ver con la dinámica de la tecnología y la innovación únicamente, porque el máximo reto que tendremos no es tecnológico sino un desafío humano, de mentalidad: tenemos el desafío de hacer un inventario de nuestra manera de pensar, de recuperar nuestros valores y principios y determinar nuestras vidas sobre estos innegociables.

A Andy Stalman le plantearon lo siguiente: «Hemos llevado nuestra emocionalidad a las redes. ¿Cómo recuperarla?», a lo que él contestó:

> *Recuperando cosas esenciales y básicas como un buen abrazo. Pero tenemos miedo a sentir. Hay que quitarse la careta, salir de esos mundos imaginarios y superficiales que tanto estrés provocan, sobre todo en los jóvenes que tienen que mostrarse espectaculares todo el rato.*

El reto es hacer frente a un futuro muy marcado por ideas, pensamientos y elevados estándares de vida a través de las redes sociales prácticamente imposibles de alcanzar; es una cosmovisión donde lo perfecto es lo plausible, donde debes tener todo en tus manos ya —sin esperar y sin pausas— y con solo apretar una tecla.

Al observar esto en comparación con nuestra realidad, nos frustramos y pareciera que no damos la talla. La perfección que nos vende el universo virtual y sus medios es y será inalcanzable. La realidad nos tiene atorados en la rutina, viviendo el día a día casi sin expectativas de que algo extraordinario pueda ocurrir con nosotros.

¡Pero nada está perdido! Salir de esa zona de atascamiento y disfrutar de la vida es posible, pero tienes que desarrollar la capacidad de pensar creativamente, activar la habilidad de tu cerebro de repensar y conectar tu pasión con la acción, abriéndote así a la posibilidad de explorar nuevos horizontes.

2
UN BOCETO DEL FUTURO

Cuando terminaron de desayunar, Jesús le preguntó a Simón Pedro:

—Simón, hijo de Juan, ¿me amas más que éstos?

—Sí, Señor, tú sabes que te quiero —contestó Pedro.

—Apacienta mis corderos —le dijo Jesús».

- Juan 21:15 -

¡Nos encanta ver películas! Sobre todo, aquellas basadas en hechos de la vida real, esas que empiezan con una escena profunda o explosiva, con un fuerte desenlace, un final feliz o dramático; aquellas en las que, apenas nos introducimos en la historia, no podemos creer que ya nos muestren lo que se supone que esperábamos o no.

Pero luego hay un suave corte en la escena y con un texto y una voz suave nos dicen «70 años antes» o «30 años atrás», dependiendo del caso; vemos el desenlace, pero no la historia o el proceso para llegar hasta ese momento.

Si estuviéramos observando una película de la vida de Pedro, creo que este versículo de Juan 21:15 sería la escena con la que comenzaría la historia: un amanecer, el despuntar del alba, una fogata humeante, peces y el olor a pan recién hecho.

De hecho, nos resulta tan impresionante esta escena que en la sala de nuestra casa tenemos un cuadro pintado al óleo con esta imagen, y es uno de esos cuadros que nos recuerdan siempre un mensaje y que quisiéramos que lo recuerden aquellos que visitan nuestro hogar. Pero para adentrarnos y dimensionar el significado de estas palabras, tendríamos que remontarnos al inicio de la historia de la vida de Pedro y su primer encuentro con Jesús:

PAOLO Y KAREN LACOTA

«Tres años antes…».

Cuando Jesús y Pedro tuvieron uno de sus primeros encuentros, Pedro y sus compañeros habían estado toda la noche tratando de pescar y no habían tenido éxito. Jesús, un carpintero de profesión, les dio instrucciones y gracias a ellas realizaron una gran pesca (parece que aunque Pedro era un gran pescador no le iba muy bien últimamente, como podemos leer en Lucas 5:1-11).

Luego de un tiempo de amistad, hay registros bíblicos que dejan entrever que Pedro tuvo la brillante oportunidad de demostrar que utilizaba muy bien sus palabras en los momentos exactos, amagando con convertirse en un gran predicador. Pero no fue así: él normalmente hablaba y actuaba antes de pensar (Marcos 8:32-33).

Uno podría imaginarse a un Pedro fornido, con grandes aptitudes físicas, un gran atleta, pero tampoco era el caso, ya que cuando él y Juan se enteraron de la resurrección «ambos fueron corriendo, pero como el otro discípulo corría más aprisa que Pedro, llegó primero al sepulcro» (Juan 20:4).

Jesús empezó a trabajar con Simón y le dijo: «Tú serás Pedro» («piedra»). Pedro tenía algunas actitudes que debían ser tratadas para que llegara ser el hombre que marcaría al cristianismo para siempre. Lo que ocurrió con él puede suceder contigo.

Aun así, Jesús lo incluyó en su círculo íntimo de amigos, y en los tres años de ministerio de Jesús, Pedro fue uno de los que más compartió con él. Cuando llegó el momento crucial en el que Pedro debía demostrar su lealtad y la fortaleza de su amistad, se desmoronó, dejando que el viento se llevara sus palabras y negó a Jesús, traicionándolo y abandonándolo ante una situación que ameritaba que él estuviese al lado de su Maestro.

¿Quién no ha tenido episodios similares a los que vivió Pedro? ¿Qué pasa cuando haces tu mejor esfuerzo y el resultado es el peor? Estamos seguros de que más de una vez te ha pasado. En la vida de Pedro esto estaba volviéndose una constante.

Luego de la crucifixión y muerte de Jesús empezó un nuevo amanecer en la vida de Pedro, ya que la mañana de la resurrección venía cargada con un montón de sorpresas inesperadas. Así como con él, también puede surgir una nueva oportunidad que cambie el relato de tus últimas temporadas.

En el ámbito artístico, se conoce como *boceto* a la serie de líneas o trazos que se realizan con el fin de establecer la apariencia general de una pintura. Este concepto también es aplicado para otras expresiones artísticas como la escultura y la literatura, aunque en esta última es preferiblemente llamado «borrador».

De igual forma, el boceto puede ser la planificación o plan de acción que conlleva un proyecto. Algunos sinónimos de este término son *bosquejo, esbozo* y *apuntes*. Es común que, para referirse al estilo de algunos pintores, se utilice la expresión «estilo abocetado» o «estética de lo inacabado» puesto que, a simple vista, se notan trazos libres, fáciles o rápidos.

Cuando hacemos arte garabateamos o empezamos a bocetar, lo que estimula nuestras neuronas, incrementa el flujo sanguíneo de las partes del cerebro que están asociadas con la recompensa, y además nos ayuda a mejorar la memoria y nuestra capacidad de introspección al combinar los procesos cognitivos y motores.

Esa mañana, una conversación empezó a trazar un nuevo boceto de lo que sería la vida de Pedro; esos nuevos trazados indicaban que su pasado no definiría su presente y mucho menos condicionaría su futuro. Lo que había vivido hasta ese momento era apenas un primer boceto de lo que sería su vida. El proceso creativo apenas iniciaba, y en nuestras vidas puede ser igual. No te apresures en juzgar tu historia, puede que sea apenas el primer borrador. A veces, lo bueno que viviremos recién empieza donde creemos que todo llegó a su fin.

Dibujar, tachar, borrar, volver a dibujar

Por eso, mirar al futuro y empezar a crearlo demandará algunas cuestiones inevitables de nosotros: se trata de dibujar, tachar, borrar, volver a empezar y redibujar el futuro. Esta será una constante que necesitaremos manejar con todas sus variables.

PAOLO Y KAREN LACOTA

Planificar y asumir los riesgos de accionar son dos caras de una misma moneda. Cuando decidimos qué carrera universitaria seguiremos, asumimos un riesgo; son años de estudio que no sabemos cómo los solventaremos, pero tomamos la decisión de matricularnos y confiamos en que las demás situaciones se ordenarán en el camino.

Cuando aceptamos un trabajo asumimos el riesgo de involucrarnos en el desafío de realizar la tarea asignada, y aunque no tenemos la certeza de que realmente todo irá bien, lo hacemos creyendo en que es una oportunidad que no podemos dejar pasar.

Asumimos riesgos cuando le declaramos nuestro amor a esa persona tan importante en nuestra vida, y más aún cuando le proponemos matrimonio; nos arriesgamos cuando emprendemos un negocio, cuando perdonamos y cuando decidimos amar.

La vida está llena de desafíos que requieren que planifiquemos y, a la vez, que estemos preparados para lo inesperado. Por eso escribimos estas líneas, para guiarte a esbozar el mapa de tu vida y para que seas consciente de algunas variables que pueden presentarse durante la travesía.

Si no te enfocas en construir tu futuro, siempre regresarás a tu pasado... Afronta un día a la vez, sabiendo que trabajo, enfoque, sacrificio y humildad ¡no tienen sustitutos!

Queremos animarte a imaginar y a ponerte en movimiento, a que no te quedes varado ni a la deriva, a que enfrentes el hoy con la mente puesta en que cada día es una nueva oportunidad, y esa nueva oportunidad comienza o muere en tus pensamientos.

«Todos vivimos en un mundo de fantasía e imaginación cuando somos niños, y para algunos de nosotros ese mundo de fantasía continúa cuando crecemos», dijo Jim Henson, creador de *Los Muppets*. Esa habilidad sigue en ti.

Hoy puedes imaginar la vida que quieres y ponerte a trabajar para construir ese futuro esperado. Luego de pensar, deliberar y planificar lo que pretendes, debes poner en marcha el proyecto.

Lee e investiga. Actualízate. Analiza el rubro que te interesa aprender. Realiza los relevamientos que sean necesarios. Conversa con alguien, asiste a alguna conferencia acorde a tu proyecto. Busca personas que han realizado el tipo de acción o emprendimiento al que estás pensando dar vida. Estudia y toma apuntes de tus aprendizajes. Gestiona y busca la manera de reinventarte y de incursionar, paso a paso, en eso que estás imaginando.

Recuerda: las historias más inspiradoras siempre tuvieron los comienzos más desesperanzadores, y los grandes sueños tuvieron los más remotos comienzos. A través de la historia de Dios en las Escrituras encontraremos que él obra en los pequeños inicios para desembarcar en grandes resultados. Vemos un patrón que se repite en las narraciones: pequeños pasos de fe que marcaron camino a gigantes temporadas en la historia.

> **LA VIDA ESTÁ LLENA DE DESAFÍOS QUE REQUIEREN QUE PLANIFIQUEMOS Y, A LA VEZ, QUE ESTEMOS PREPARADOS PARA LO INESPERADO.**

Todo siempre tiene su *momento génesis*, el instante donde imaginas y concibes un sueño, una idea, un destino. Quizás no impresionaría a nadie en su etapa inicial, pero incuba un gran impacto si lo protegemos hasta el final.

El arte de trazar nuevas líneas

Alguien dijo: «Si el futuro no te emociona, estás en el presente equivocado». El relato de la vida de Pedro tenía tramas de malos recuerdos; sin embargo, su presente le ofrecía una nueva oportunidad de reconstruirla como si no la hubiese arruinado. Una promesa que no pudo cumplir, una oportunidad que pareció no valorada, una traición y una negación pintaban un oscuro panorama en su porvenir, pero todo esto se desvanecía ante la posibilidad de volver a empezar.

PAOLO Y KAREN LACOTA

Esa misma posibilidad se le presentó a Pedro en aquella playa. Ese cálido amanecer a la lumbre de una fogata trazaba un nuevo boceto, tal como el cuadro que tenemos en la sala de nuestra casa, con un cielo dominante en azul. Una barca, redes tendidas, la playa, una fogata y humo saliendo de ella, y unas siluetas disfrutando de este diálogo al calor del fuego.

Nuevas líneas, nuevos trazos, garabatos de un mejor horizonte se dibujaban. Este escenario marcaría el resto de la vida de este curtido pescador y cambiaría para siempre el recordatorio de una traición al cantar el gallo. Ahora, escuchar a los gallos cantar al despuntar el alba dibujarían en su mente el boceto de una nueva oportunidad; recordaría que cada día es un regalo y que cada regalo es una nueva oportunidad.

Así también tú puedes hacer un boceto, un bosquejo, hacer garabatos de un mejor futuro. ¡Tienes en tus manos una página en blanco para trazar nuevas líneas y escribir mejores historias!

3
UNA VIDA EN PÁGINAS (STORYBOARD)

La comunicación es una habilidad que puedes aprender.

Es como andar en bicicleta o escribir. Si estás dispuesto

a trabajar en ello, puedes mejorar rápidamente

la calidad de cada parte de tu vida.

- Brian Tracy -

Todos somos una historia. No solo queremos decir algo, sino que la historia de nuestras vidas tiene algo que decir; somos un mensaje. Esa narrativa de nuestras vidas necesita ser intencional para que las personas que nos rodeen interpreten y retraten en sus mentes el mensaje que queremos comunicar.

El doctor Jan Souman, del Instituto Max Planck de Cibernética Biológica, estudió lo que les sucede a las personas cuando se pierden y no cuentan con mapas, brújulas o puntos de referencia. Él investigó, por ejemplo, qué ocurre cuando alguien entra a un bosque o se adentra en el desierto del Sahara y no logra orientarse ni por la estrella polar ni por el sol.

¿Quieres saber qué descubrió? Resulta que andamos en círculos cuando estamos desorientados; por mucho que intentemos seguir en línea recta para salir, siempre acabamos donde empezamos. Nuestros instintos son insuficientes. En palabras del doctor Souman: «No confíes en tus sentidos porque, aunque creas que avanzas en línea recta, no es así».

Si no tienes delineada una trama de la vida que quieres, hoy es un buen día para que empieces a buscarla. Busca dirección de Dios en oración y comienza a escribir, a dibujar y a leer hasta que tengas una respuesta. Diseña un plan de acción, plásmalo en papel; no hay mejor manera de visualizar el futuro que haciendo garabatos en una hoja. Esto te ayudará a centrar tus pensamientos, crear arquetipos visuales y determinar un plan concreto de acción.

«El ser humano necesita un mapa por naturaleza; de modo que, si te atreves a dibujar uno, la gente te seguirá», nos aconseja Seth Godin en su libro *Hazlo*.

El *storyboard*

El *storyboard* —también conocido como *guion gráfico*— es un conjunto de ilustraciones que pretende previsualizar la historia antes de que se realice o filme. En el cine se utiliza en la etapa de preproducción para la narración gráfica de las escenas, y en el marketing es una herramienta para ilustrar la idea de los anuncios publicitarios paso a paso.

Si no estamos desarrollando la idea de una película ni la de una publicidad, ¿en qué podemos beneficiarnos del *storyboard*? Es una técnica visual que ayuda a desarrollar cualquier proyecto, y eso incluye tu proyecto de vida.

Imagínate que podemos dibujar las escenas que queremos desarrollar para las etapas de nuestra vida a nivel personal, profesional y familiar: un guion así nos ayudaría a dibujar nuestro futuro y a evaluarlo periódicamente.

Así como trazamos nuestro camino a recorrer cuando planeamos un viaje y marcamos los sitios que queremos visitar, podemos dibujar un proyecto de vida en un *storyboard*. Esto nos ayudará a poner en orden nuestras prioridades y nos dará una guía de los escenarios que necesitamos crear para llegar a destino.

En el libro *Tu mundo en una servilleta*, el autor Dan Roam defiende la idea de que el pensamiento visual no es exclusivo de personas talentosas ni está limitado a los estudiosos del tema y propone cómo pensar por medio de imágenes para resolver problemas, vender ideas y expresar conceptos complejos de manera rápida y sencilla.

Así también tú puedes revisar la dirección que ha llevado tu vida y ver cómo quieres conjugar tus metas personales y profesionales. Pensar con imágenes o escenas te ayudará a reinventar tu carrera o tus pasos cuando así lo requieras y a hacer los ajustes necesarios.

Todos podemos dibujar. Es más, muchos de nosotros aprendimos a dibujar incluso antes de escribir; es innato. El dibujo promueve el recuerdo y graba una imagen en nuestra memoria, la cual sobrevive mucho tiempo. Por eso, dibujar ha sido una actividad que los seres humanos han utilizado por siglos para comunicar, incluso en civilizaciones analfabetas.

PENSAR CON IMÁGENES O ESCENAS TE AYUDARÁ A REINVENTAR TU CARRERA O TUS PASOS CUANDO ASÍ LO REQUIERAS Y A HACER LOS AJUSTES NECESARIOS.

Marion Charreau y Jenifer L. Johnson, en su libro *Piensa y comunica tus ideas con The Storyboard Method*, se preguntan qué tienen en común un científico, un manager, un educador, un político y un emprendedor, y afirman: «Todos necesitan contar una buena historia, y no saben cómo».

¿Qué te parece hacerlo a través de dibujos? Un beneficio del storyboard es que nos permite ver físicamente la secuencia de la narración como si fuese una película y activa todas las partes visuales y verbales de nuestro cerebro.

La creatividad en una servilleta

Nuestro desafío es que puedas echar a volar tu creatividad y empezar a establecer un guion gráfico de cómo quisieras que se desarrolle tu vida. Sabemos que a veces pensamos que la creatividad es solo exclusiva de los virtuosos como los artistas, productores, músicos o diseñadores, pero en realidad es una habilidad que se desarrolla trabajándola y está al acceso de todos.

Somos seres creativos e innovadores por naturaleza, debemos despertar ese lado nuestro buscando inspiración e invirtiendo tiempo en trabajar en la preproducción de la película de nuestras vidas.

Cuando nos animamos a ser creativos no hay límites; puede que al principio no sea fácil, pero es un proceso que tenemos que saber llevar. Del otro lado del río revoltoso de la inercia está tu creatividad, y con ella:

- Tu historia tendrá un relato vibrante y tangible y hará una conexión real con los demás.
- Concebirás ideas que podrían valer millones.
- Emprendimientos audaces e impulsores de cambios.
- Soluciones a problemas complejos.
- Creación de nuevos productos.
- Organización de eventos con propuestas innovadoras.
- Elaboraciones de nuevas líneas de negocios.

Todo esto es posible, pero necesitas dar inicio hoy a tu *storyboard* tomando un lápiz y un papel para dibujar. Aunque bosquejes la primera escena, tu cerebro irá completando el resto a medida que te sumerjas en esto.

¿Sabías que cuando estás en procesos creativos tu cerebro está trabajando en eso constantemente? Escuchas una música y empiezas a imaginar cosas, estás viendo una película y una frase te detona ideas, estás leyendo un libro y te quedas embelesado en un párrafo, vas en el automóvil y ves carteles al costado de la ruta que te generan un diálogo interior.

Necesitas activar la creatividad anotando y bocetando tu mundo, aunque sea en una servilleta. Los procesos creativos son así: pueden tomar su tiempo o ser desordenados en el inicio, pero lo importante es que no descartes pensamientos e ideas, por más ocurrentes o grandes que sean (ya llegará el momento de corregirlo).

Cuando escribes un libro, el primer borrador no es digno de publicación. Es en la edición donde cobra mayor belleza y sentido, ¡pero sin ese primer borrador no habría libro en absoluto! No cortes tus procesos creativos. Todo suma y es importante. La respuesta puede llegar de diversas maneras:

- Un pensamiento recurrente
- Una corazonada persistente
- Una imagen

El origen del *storyboard*

El guion gráfico es una forma muy eficaz de trazar el mapa de una solución de servicio y de construir un plan para su implementación. La técnica es algo que se ha usado en toda la Walt Disney Company y también es una técnica familiar en la industria cinematográfica, pero lo que algunos no saben es que se originó en los estudios de animación de Disney en la década de los años treinta: según Walt, el guion gráfico fue inventado por Webb Smith, un animador y uno de los primeros guionistas del estudio.

Cuando Webb planeaba una historia la dibujaba en vez de describir su acción con palabras. Al principio, simplemente extendía los dibujos sobre el piso de su oficina, pero después se le ocurrió fijarlos en orden a la pared con un alfiler; de esta forma, la historia desplegada obtuvo una valiosa dimensión visual. Pronto, Walt ordenó tableros de corcho de dos metros de largo por un metro de alto y entonces nació el guion gráfico.

¿SABÍAS QUE CUANDO ESTÁS EN PROCESOS CREATIVOS TU CEREBRO ESTÁ TRABAJANDO EN ESO CONSTANTEMENTE?

En poco tiempo, todas las caricaturas de Disney veían primero la luz en un guion gráfico. Los guionistas planeaban sus ideas allí, y el color y el sonido se añadían usando estos guiones como punto de referencia.

Un guion gráfico completo nos ofrece la primera oportunidad de experimentar un paseo o espectáculo, y ver cómo puede —o no— funcionar.

Para los que no son dibujantes o artistas, no se dejen intimidar por el uso de dibujos, ya que el guion gráfico nada tiene que ver con la belleza de los dibujos sino con la capacidad para ver y considerar ideas.

No limites tu *storyboard* a los dibujos, también puedes incluir telas, muestras de color, fotos, texto, otras ideas y cualquier cosa que ayude a transmitir mejor la imagen del proyecto que pretendes llevar a cabo.

Consejos para tu *storyboard*

Para hacer un *storyboard* no necesitamos nada complejo ya que existen diversas plantillas que podemos descargar gratuitamente de Internet, e incluso programas para hacer *storyboards* en línea. De igual manera, con que tengas una hoja, un lápiz y un guion técnico para saber cuáles son los planos que tenemos que dibujar ya podemos poner manos a la obra.

Ten en cuenta estos tres pasos:

1. Analiza cuáles son las escenas más importantes de tu vida o proyecto que quieres incluir.
2. Haz bocetos rápidos, simples y lo suficientemente claros para que sean comprendidos por aquellos a quienes quieras compartírselos.
3. Haz pequeñas anotaciones en formato de viñetas para añadir conceptos.

No deben ser ilustraciones definitivas ni complejas ya que su función es mostrarnos qué escenas encajan mejor y cuáles no.

Te dejo como desafío hacer un *storyboard* con tres escenas de tu vida haciendo cosas que amas hacer, así que ¡manos a la obra! Este ejercicio te ayudará a disfrutar y a amar lo que haces y a hacer lo que amas.

4
EL GUION PARA TU HISTORIA (STORYTELLING)

El ser humano es eminentemente un narrador de historias.

Su búsqueda de un propósito, una causa, un ideal, una misión

y cosas parecidas es, en buena medida, la búsqueda de un guion

y una estructura para el desarrollo del relato de su propia vida.

- Eric Hoffer -

Todos tenemos una historia. Nuestras experiencias son como pequeños fragmentos que se ensamblan para constituir la trama de nuestras vidas, y es aquí donde queremos introducirte al *storytelling*, que es el arte de contar historias para comunicar un mensaje. Esta es una técnica narrativa que te ayudará a ser intencional en lo que quieres transmitir a las personas a tu alrededor.

Intuitivamente sabemos contar historias: tienen un inicio, un medio y desenlace, pero si conociésemos mejor sus componentes podríamos mejorarlas aún más.

Para empezar, toda historia tiene un protagonista, el cual tiene sueños y anhelos, y hay un escenario o mundo en el cual está inserto. Aparentemente las cosas se encuentran estables, hasta que algo las desestabiliza (un problema o un villano); nuestro héroe duda y sufre, no sabe si tiene lo que se necesita para lograr la hazaña y cumplir sus sueños. Entonces, aparece un guía que lo orienta y le facilita un plan para enfrentar los problemas; aquí, nuestro protagonista sabe que llegó la hora de accionar y arriesgarse, de lo contrario ganará el villano. Pese a sus intentos pareciera que todo está perdido; sin embargo, hay una intervención divina que lo da vuelta todo y le da una oportunidad. Finalmente, nuestro héroe desactiva la bomba y termina la historia con un carácter transformado y con un final que nunca se hubiese imaginado.

Repasemos: protagonista, escenario, conflicto (o villano), un guía, un plan, una acción, una escena climática y una resolución. Pero vamos a agregar un elemento más, que es el *tema* de la historia, es decir: ¿cuál es la hipótesis que quieres demostrar? ¿Cuál es el hilo conductor presente a lo largo de la trama? Es el resumen de la trama de tu vida en una corta oración.

¿Cuál es tu historia?

Aplica la estructura de las historias a tu vida. ¿Cómo luce tu mundo, cuáles son tus luchas internas y externas, quién te ha guiado en el camino, quién se ha opuesto? ¿Qué riesgos tomas? ¿Cómo te ha ayudado la mano del cielo cuando pensabas que el final sería el peor? ¿Qué bombas has desactivado para salvar el día? ¿Cómo te han transformado tus experiencias?

La novelista Karen Kingsbury dice en su libro *Persiguiendo atardeceres* que todos tenemos una oportunidad de escribir la historia de nuestra vida, y por eso debemos hacer que ese escrito sea un *best seller*.

Aquí queremos introducir un concepto más: el del *branding*. Sabemos que es un término con muchas definiciones y derivaciones, pero nos gusta lo que Carlos Puig Falcó dice al respecto:

> *Una marca es lo que los demás piensan que eres, una percepción fundamentada sobre cómo te ven, qué sentimientos despiertas en su interior y qué dicen de ti.*

El *storytelling* plasma estupendamente esta definición, ya que sirve para crear un relato que cuente al mundo a lo que apunta tu marca personal.

¿Qué elementos colaboran para que los demás capten el mensaje que queremos transmitir?

Tu visión

¿Cuál es tu visión? Así como tu huella digital es única e irrepetible, la visión de tu vida también lo es. Necesitas buscar dentro de ti, descubrir tu visión y trabajar en ella.

Aquí te dejamos algunas preguntas que pueden orientarte:

- ¿Cuál es tu pasión?
- ¿Cuál es tu vocación?
- ¿Cuál es tu propuesta de valor para otros?
- ¿Qué puede aportar tu vida a los demás?
- ¿Cómo tu historia puede marcar una diferencia en otros?

Responder a estos interrogantes te ayudará a canalizar tus motivaciones, energía y acciones. La clave es orientar la historia de tu vida a inspirar a otros y no solo a la búsqueda de logros y reconocimientos.

La visión nos da un destino; es liberadora, nos ayuda a despojarnos de pesos innecesarios y nos da la posibilidad de visualizar el futuro que deseamos y de tener así mejores posibilidades de alcanzarlo.

La visión siempre nace de un par de ideas, pero luego va madurando y nos brinda la oportunidad de redireccionarla a lo largo de nuestro caminar. Cuando tenemos formulada una visión estamos empezando con el fin que queremos en la mente, y esto nos ayuda a mantenernos enfocados en el camino correcto.

Si te animas a trabajar en ello, tienes la oportunidad de contar tu historia al mundo de manera auténtica y única: con sus luces y sombras, con sus buenas temporadas y de las otras, verás que ayudarás a muchos más allá de lo imaginado. ¡Pocas herramientas son tan poderosas como compartir tu testimonio de vida para que otros sean inspirados!

Tus valores

Así como tienes una visión única, también tienes valores que te diferencian y te hacen original.

La especialista en marketing Carmen Díaz Soloaga dice que *«una personalidad de marca fuerte es sinónimo de tener claramente definidos los valores que te guían. No es lo que dices, es lo que eres».*

Tus amigos y mentores

El rol del guía en tu historia lo desempeñan tus familiares, amigos y otros que han sido mentores e influenciadores para ti.

Un relato de vida va a otro nivel cuando reconocemos y honramos a aquellos que nos han cuidado, que nos extendieron una mano o que nos han orientado para llegar a donde estamos hoy. Si te pones a pensar, sin el aporte o la ayuda de alguien tu historia no sería la misma.

En el transcurso de la trama podemos encontrar a esos personajes que convierten la historia en un relato más humano, real y original aportándole emotividad, empatía y credibilidad a la trama; por eso, cuando pienses en la historia de tu vida no olvides a aquellos que, aunque hoy no están a tu lado, sin dudas han sido parte de tu formación y de tu vida.

Tu consistencia narrativa

Los mejores *storytellers* utilizan la técnica de la *tensión narrativa:* sin conflicto no hay historia. ¿Te diste cuenta de eso, tanto en las películas como en los libros o las narraciones en la Biblia? Las historias que capturan son aquellas realistas que no maquillan las debilidades o las malas temporadas; son las que comparten grandes victorias demostrando las adversidades que tuvieron que superarse.

Las grandes historias son las que nos permiten ver las cicatrices de las batallas como evidencia de que hubo enfrentamientos fuertes, pero que se soportaron. En la trama de tu vida lo más importante no son solo tus grandes logros sino tus grandes desafíos. Recuerda que el propósito de tu relato no es demostrar lo bien que te ha ido, sino que se trata de tu propuesta de valor, aquello que tu historia puede aportar a los demás.

¿Cuál es tu audiencia?

Lo que nos conecta con otros de manera consistente no es lo que decimos de vez en cuando o lo que compartimos en nuestras redes sociales sino la consistencia en el relato personal de nuestras vidas a través del tiempo. Somos seres dotados con capacidades únicas y con una misión única, pero hay otra dimensión más: somos seres sociales.

LOS MEJORES STORYTELLERS UTILIZAN LA TÉCNICA DE LA TENSIÓN NARRATIVA: SIN CONFLICTO NO HAY HISTORIA.

Nacimos con la necesidad de compartir con los demás, de animar y ser animados, de abrazar y ser abrazados, de ayudar a otros y de recibir también una mano. Por eso, siempre nos hará más felices compartir que competir.

Tenemos que darle una nueva mirada a cómo vivimos y qué efecto genera nuestra historia en las personas que interactúan a diario con nosotros. ¿Qué podemos aportar para la atmósfera en la que nos desenvolvemos?

En un mundo de competitividad donde tenemos exigencias de crecimiento y producción podemos transformar nuestro relato y hacerlo inspirador.

Saber vivir nos da profundidad e influencia sobre otros. Alguien dijo alguna vez que el sentido de la vida es tener historias para contar, no cosas para mostrar.

Ahora que hicimos un pantallazo en las principales partes de una historia, te animamos a que puedas realizar el siguiente ejercicio:

- Descríbete como protagonista, con tus características y problemas.
- Describe tu mundo, el lugar concreto donde te desenvuelves.
- Describe los personajes principales y secundarios que te acompañan (entre ellos, a tus amigos y mentores).
- Describe el reto, el problema o misión a la que te enfrentas, que te obliga a tomar acción. Si hay algún villano, también enlista sus características.
- Describe las acciones que debes implementar y el punto de inflexión justo antes del final.
- Describe todo lo que está en riesgo en tu vida si no te mueves.
- Describe el final que quieres ver, la moraleja de la historia, el mensaje que quieres transmitir con tu vida, tu proceso de transformación (comparado con el inicio).

Esto te ayudará a tener mayor claridad sobre el *storytelling* de tu vida, porque más que espectadores de la vida somos guionistas: Dios nos dio la habilidad creativa y el coraje para vivir una gran historia.

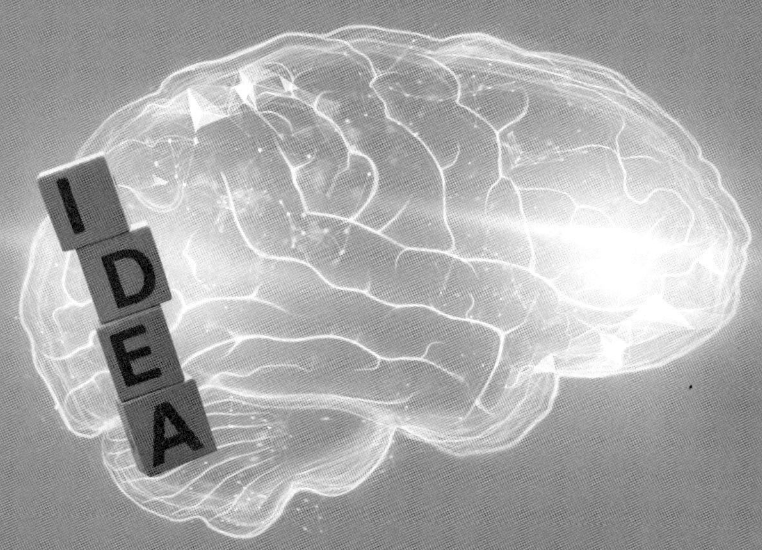

EL APRENDIZAJE

5
APRENDER DE POR VIDA

El futuro ya no es lo que era antes.

- Mafalda -

En cierta ocasión nos preguntaron qué cambiaríamos de nuestros primeros años de liderazgo. La pregunta nos tomó un tanto desprevenidos; sin embargo, luego de unos segundos de silencio, cada uno tenía muy clara su respuesta. Respiramos profundo. Respondimos: «¡Uf! ¡Demasiado! Seriamos líderes que cuestionen más, que aporten más y que se animen más que otros».

Déjanos explicarte esto con más detalles. Seríamos más irreverentes al *statu quo* y más reverentes a la palabra de Dios y a su llamado; seríamos más obstinados, más apasionados y determinados desde el primer minuto; no nos perderíamos tantas oportunidades por temor al qué dirán o por escuchar voces que no han sido objetivas en sus consejos o lineamientos; nos animaríamos más y dibujaríamos afuera de las líneas (probablemente cometeríamos más errores), pero lo daríamos todo por cumplir lo que consideramos el propósito de Dios para nuestras vidas.

Seríamos más de esa clase de amigos que si no tienen acceso romperían techos para llegar a Jesús por otros y generaríamos espacios para que tuviesen un encuentro con él; seríamos líderes más disruptivos y nos esforzaríamos por ser más excelentes en todas nuestras tareas y acciones.

Pero los años han pasado y hemos aprendido tantas lecciones, tanto de errores propios como de los ajenos... Hoy sabemos que no hay nada mejor que ser auténticos. En un mundo donde se pretenden masificar líderes —cortados por la misma tijera—, buscaríamos diferenciarnos por nuestra propuesta de valor solidaria.

No nos interesa que nos vean como más espirituales, más *cool* o que nos vean más jóvenes de lo que somos; no nos interesa ser líderes de muchos, preferimos ser mentores de pocos. Queremos que nos vean como personas que han corrido hacia su originalidad y que han batallado contra la idea de acomodarse a vivir como otros piensan que deberíamos hacerlo.

Estas lecciones nos llevan a proteger los principios que abrazamos, los valores que nos definen y el propósito divino en nuestras vidas.

Habilidades para el futuro

En tiempos como estos, de cambios vertiginosos y de incertidumbre, los que llevan una vida de aprendizaje continuo son los que disfrutarán y tendrán la audacia de construir un mejor futuro. Por eso, tu capacidad de aprender es el principal activo de tu vida. Entre tu estado actual y tu futuro anhelado solo existe una palabra que marcará el recorrido: *aprendizaje*.

Marc Vidal, en su libro *La era de la humanidad: hacia la quinta revolución industrial*, nos dice que en los años que se vienen todo lo que no pueda automatizarse tendrá un valor incalculable. Las habilidades humanas que necesitamos seguir desarrollando son:

- Creatividad
- Intuición
- Iniciativa
- Pensamiento crítico
- Persuasión y negociación
- Investigación
- Capacidad de recuperación
- Autogestión
- Resolución de problemas complejos

Frente a la expansión de la inteligencia artificial y la robótica avanzada, no podrán ser reemplazadas las habilidades que nos hacen humanos, que nos hacen sentir y ser, que nos conectan unos con otros. Habilidades como la inteligencia emocional, el liderazgo orientado a las personas y la manera en que podamos influenciarnos positivamente unos a otros, así como el enfocarnos en el servicio a los demás, serán habilidades altamente valoradas y reconocidas. Por esto, todos necesitamos convertirnos en eternos aprendices de la vida.

Redefinición del tiempo

Un gran impacto que hemos tenido a partir de internet es que la redefinición del tiempo nos volcó hacia lo instantáneo, y este fenómeno requiere de una constante innovación en nuestra manera de hacer las cosas y en cómo las comunicamos. Todo el tiempo tenemos que aprender y reaprender, y por eso el aprendizaje es un rol que indispensablemente tenemos que incorporar a nuestra dinámica diaria.

¿Qué mirada tenemos respecto de la innovación? Es indispensable no solo no quedarnos en la inspiración sino desarrollar un proceso creativo. Innovar se hace haciendo. Si la inspiración del momento creativo no se traduce en una secuencia de acciones, nos quedaremos varados en el tiempo.

El secreto de la innovación está en prestar atención al realizar las pequeñas tareas, es la excelencia en los pequeños detalles.

Es momento de volver a pensar qué significa el tiempo para nosotros. Esa unidad de medida es lo más valioso que va pasando y escurriéndose de nuestras manos y que a veces no dimensionamos; no somos totalmente conscientes de su calidad y de su valor, y es un recurso finito que tenemos que aprender a valorar cada vez más.

No escribimos del tema desde lo utópico sino desde la trinchera: primero, aprendiendo a sobrevivir a este *tsunami* de cambios vertiginosos y constantes; y segundo, en el desafío de tener que ordenar nuestras propias prioridades y desde el aprendizaje de tener que forjar las agallas para decir *no* a lo que hay que decir que no y para tener la claridad de decir *sí* a lo que hay que decir que sí. Es un hábito diario que todos tenemos que cultivar con mucha disciplina y desarrollar con consistencia.

Hay una serie de decisiones creativas que uno va tomando cotidianamente para desarrollar un ritmo de vida, uno que nos permita navegar manteniendo el curso cuando las aguas se agitan, y también poder hacerlo en aguas calmas.

Después de todo, ¿quién de nosotros nació experto en la mayordomía de la valoración del tiempo? Ni siquiera en la escuela cuando éramos niños nos enseñaron el valor del tiempo y de las prioridades; no fuimos educados para ser habilidosos en el uso correcto del tiempo, y por eso son esas habilidades las que necesitamos desarrollar y enseñar para luego —lógicamente— redefinir el concepto del tiempo para nosotros mismos.

¿Cómo planificar? ¿Cómo usar el tiempo? ¿Cómo hago para decir que sí y comprometerme con alguna causa? ¿Y cómo hago para decir que no y seguir creciendo en las relaciones? ¿Sé cómo hacer foco? ¿Cómo, cuándo y dónde soy más productivo? Estos son interrogantes de los que con el andar vamos adquiriendo las respuestas.

Respecto a cuándo tenemos que estudiar, trabajar, liderar, educar a nuestros hijos y toda la vorágine de responsabilidades que acompañan a estos roles son cosas que iremos descubriendo al transitar. La administración que le demos al tiempo en nuestras vidas no es un tema menor para reflexionar; el tiempo es un recurso que se agota, y no es recargable.

Con el correr de los años nuestra relación con el tiempo va cambiando y, a medida que vamos creciendo, es como que va faltándonos tiempo, o pareciera que ya no tenemos todo el tiempo que teníamos años atrás. ¿Recuerdas cuando eras niño o adolescente y sentías que tu tarde de sábado nunca se acababa, que siempre quedaba tiempo para un juego más o para una película más?

En Juan 18:37 Jesús dijo: «Para esto he nacido». Tenía clara su misión, y eso lo ayudó a optimizar el tiempo que tenía para cumplirla. Si sabemos cuál es nuestra misión, a eso le dedicaremos tiempo, y ordenaremos nuestras prioridades para mantener el rumbo.

Aprender a valorar el tiempo de los demás

Como lo mencionamos antes, el tiempo no es acumulable, no es transferible, no es repetible, no puedes postergarlo o pasarlo para otro día. El tiempo que se consumió es un tiempo que se fue; al tiempo que se malgastó no puedes recuperarlo, porque caducó. Por lo tanto, dedicarle tiempo a alguien o que alguien te dedique tiempo es uno de los regalos más valiosos e importantes que podemos brindar.

Debemos ser respetuosos del tiempo, porque es lo más valioso que tenemos nosotros y que tienen los demás. La vida pasa volando, y si no somos buenos mayordomos de este bien preciado, la vida tarde o temprano nos pasará factura. Todos en algún momento somos confrontados con esto, y en nuestro caso nos alegra no habernos dado cuenta tan tarde de su valor.

El aburrimiento en procesos creativos

La valoración del tiempo también nos enseña a no estar ocupados a cada minuto. No se trata de vivir la vida corriendo detrás de nuestras ambiciones y llevarnos todo por delante en el afán de una vida productiva: la mayordomía de nuestra vida tiene que ver con la distribución correcta de darle su tiempo a cada cosa importante para nosotros y para los que nos rodean.

Aquí hay aprendizaje ilimitado: tu tiempo de desconexión, el tiempo de pausa, de descanso, de entretenimiento y de ocio son espacios de inspiración y activadores de creatividad. No se puede ser creativo e innovador si no hay un tiempo de búsqueda de tregua, descanso y desconexión, aunque sea en dosis o de a momentos.

El tomarnos una pausa potencia nuestras capacidades cerebrales y las desarrolla, por lo que —para sorpresa de muchos— al programar una pausa intencional, uno de los beneficios que podemos obtener es que nos ayuda a ser más creativos.

PAOLO Y KAREN LACOTA

Durante los períodos de pausa o desconexión que tengamos, nuestro cerebro irá generando ideas repentinas para solucionar problemas o encontrar el sentido lógico a lo que no comprendíamos. Lo que sucede detrás de esas ideas que parecen salir de la nada durante una pausa es que se movilizan varios mecanismos del cerebro, según el neurocientífico Mark Jung-Beeman, de la Universidad de Northwestern.

Primero, en un momento de inspiración, de ideas para resolver problemas o comprender cosas con claridad, se involucran las zonas cerebrales de la toma de decisiones y la planificación; así que, mientras haces nada, tu cerebro se encuentra activando estas zonas, pero para que se produzca este proceso, el cerebro debe estar relajado. Si prestas atención, las mejores ideas o la inspiración te llegó mientras te dabas una ducha, salías a caminar o a andar en bicicleta o manejando tu vehículo.

Segundo, luego de la fase de la aparición repentina de ideas viene un alza repentina de las ondas cerebrales gamma, que es la frecuencia eléctrica cerebral más alta: estas son las ondas de la creatividad, y cuando esa frecuencia eléctrica se da es cuando se evidencia que se ha comprendido o descubierto algo, generando un pensamiento único, genuino y creativo.

La neurociencia nos explica que podemos generar las condiciones adecuadas para que desarrollemos aún más nuestra creatividad, y esto lo conseguimos poniéndonos en pausa, tomando descansos —que no necesariamente serán tiempos prolongados—, dependiendo de tus actividades, tus responsabilidades y tu planificación.

Así que si realizas de forma programada actividades o tareas agradables y repetitivas que no te hagan pensar ni forzar el cerebro sino que te desconecten, podrás aumentar las posibilidades de que con más frecuencia desarrolles tu creatividad.

Es vital contar con tiempo para reflexionar, para escarbar y explorar. La historia de grandes innovadores respalda este principio, ya que fue una de las claves de sus descubrimientos; por esto, muchas empresas están fomentando el aburrimiento en sus ámbitos laborales para estimular y forjar el desarrollo de la creatividad.

El problema que tenemos es que nos quedamos una hora sin conectividad o *wifi* y pareciera que nos hubieran quitado el oxígeno. Valora esos momentos de desconexión porque son espacios necesarios, indispensables para mantener un buen nivel de productividad sin quemarse en el intento.

El tiempo de esparcimiento, ocio y aburrimiento son grandiosas oportunidades de inspiración; salir a caminar y hacer actividad física —entre otras dinámicas que podemos adoptar— son claves para la toma de decisiones innovadoras y creativas, y además fundamentales en el proceso de asignación de valor al tiempo.

Hay un poema titulado *Instantes* (en algunas versiones llamado *Momentos*), atribuido erróneamente al escritor argentino Jorge Luis Borges (el autor original aún es incierto), que nos gustaría compartir contigo:

Si pudiera vivir nuevamente mi vida,
en la próxima trataría de cometer más errores.

No intentaría ser tan perfecto, me relajaría más.
Sería más tonto de lo que he sido;
de hecho, tomaría muy pocas cosas con seriedad.

Sería menos higiénico.
Correría más riesgos,
haría más viajes,
contemplaría más atardeceres,
subiría más montañas, nadaría más ríos.

Iría a más lugares adonde nunca he ido,
comería más helados y menos habas,

PAOLO Y KAREN LACOTA

tendría más problemas reales y menos imaginarios.

Yo fui una de esas personas que vivió sensata
y prolíficamente cada minuto de su vida;
claro que tuve momentos de alegría.
Pero si pudiera volver atrás trataría
de tener solamente buenos momentos.

Por si no lo saben, de eso está hecha la vida,
solo de momentos; no te pierdas el ahora.

Yo era uno de esos que nunca
iban a ninguna parte sin un termómetro,
una bolsa de agua caliente,
un paraguas y un paracaídas;
si pudiera volver a vivir, viajaría más liviano.

Si pudiera volver a vivir
comenzaría a andar descalzo a principios
de la primavera
y seguiría descalzo hasta concluir el otoño.

Daría más vueltas en calesita,
contemplaría más amaneceres,
y jugaría con más niños,
si tuviera otra vez vida por delante.

Pero ya ven, tengo 85 años...
y sé que me estoy muriendo.

En la vida nunca dejamos de aprender si así lo decidimos. Es irrelevante cuántos años tengas; aprender es una decisión y una actitud a la que nos anclamos para toda la vida.

La Biblia fue escrita en un periodo de mil seiscientos años por cuarenta escritores de tres continentes, de diferentes estratos sociales, diversos oficios y ocupaciones (entre ellos reyes, músicos, doctores y pescadores, entre otros). Cada uno de sus relatos fue inspirado por el Espíritu Santo para ayudarnos a tomar buenas decisiones, desarrollar nuestra creatividad y alcanzar cada una de las promesas de Dios. De todos los libros que pudiéramos sugerirte, este siempre será el número uno. Es de cabecera.

¿Te das cuenta de la diversidad y la originalidad detrás de las páginas de la Biblia? ¿Notaste cuál es el primer verbo que se menciona? Lee Génesis 1:1.

¿Lo ves? «En el principio creó Dios los cielos y la tierra». Y no solo eso, sino que la primera tarea asignada a Adán en el Edén también fue una tarea de proceso creativo: poner nombre a cada animal y especie.

Así que actualízate, estimula esa gran herramienta que Dios te dio que es la creatividad y estudia como un aprendiz sediento de conocimiento, no sea que la vida pase y te encuentre conformado, acartonado e irrelevante. El escritor Eric Hoffer ya lo advirtió muy bien: «En la época de cambios drásticos, los que aprenden son los que heredan el futuro. Los que no aprenden por lo general se encuentran equipados para vivir en un mundo que ya no existe».

PAOLO Y KAREN LACOTA

6
MENTORES DE TAPA Y PAPEL

En algún lugar de un libro hay una frase esperándonos

para darle sentido a nuestra existencia.

- Miguel de Cervantes -

No hace demasiado tiempo que *The New York Times* publicó un artículo que mencionaba que la búsqueda de millones de libros robados por los nazis se reinició. Durante décadas, estos se habían buscado en silencio y de manera solícita posterior a la Segunda Guerra Mundial; por ello, un grupo de investigadores americanos y europeos establecieron un plan de acción que incluía seguir la pista de los libros robados, clasificándolos por género.

Cuando los nazis robaron libros en la guerra fue como que se robaran los sueños; fue una manera de desarmar a sus enemigos, robándoles junto con los libros su historia, su cultura y el sentido de pertenencia. Y es que la literatura por siglos ha sido fuente de riqueza, sabiduría, creatividad y conocimiento.

Los libros despiertan sueños

Los buenos libros han sido herramientas para construir sociedades enteras, pero también para demolerlas: han servido para derrumbar el analfabetismo, la ignorancia y el oscurantismo.

Miguel de Cervantes, autor de *Don Quijote de la Mancha*, pensaba que «el que lee mucho y anda mucho, ve mucho y sabe mucho». ¿No es esa una habilidad importantísima?

Leer brinda un caudal de beneficios: cuando lees automáticamente tu cerebro empieza a desarrollar un plan de metas (cuánto tiempo leerás, cuántas páginas, etc.), te ayuda a reducir el estrés, aumenta tu vocabulario y expande tu imaginación. Además, mejora la calidad del sueño, ejercita tu creatividad, desarrolla tu capacidad reflexiva y acrecienta tu nivel de atención y concentración.

Cuando no tienes con quién hablar, los libros pueden ser excelente compañía. Cuando lees un buen libro, es como si las palabras saltaran de las páginas; te habrá pasado que leyendo encontraste respuesta a esas preguntas que ni te animaste a comentárselas a alguien.

Los libros te ayudan a despertar tus sueños, devolviéndote esa sensación de destino; ellos impulsan tu instinto de aventura, el cual quizás sufrió desviaciones o golpes en el camino. Cuando tienes uno de esos mentores de tapa y papel en tus manos —que pareciera estar escrito para ayudarte a reencauzar tu camino— es cuando sientes alivio.

LOS LIBROS IMPULSAN TU INSTINTO DE AVENTURA.

Allí dejas de sentirte como un tonto, empiezas a levantar la mirada y tu horizonte parece aclararse nuevamente. Lo que parecía gris y nublado, con el simple hecho de avanzar por las páginas, se transforma en un destello de un nuevo amanecer en tu futuro… y a veces eso es suficiente.

Eso pasa con nosotros de tanto en tanto. Simplemente cerramos el libro, terminamos nuestra taza de café, hacemos una breve oración y damos gracias a Dios por aquellos que escriben y mentorean nuestras vidas aun sin saberlo.

Nos levantamos y volvemos a caminar.

A veces la siguiente escala a tu destino puede encontrarse en un libro, a solo unas páginas de distancia. Esperamos que este libro sea uno de ellos.

7
SOÑANDO CON LOS OJOS ABIERTOS

Los sueños son muy importantes.

Usted no puede realizarlos a menos que los imagine.

- George Lucas -

Por siglos la lectura ha sido clave para generar el futuro. Tras la invención de la imprenta por Gutenberg en 1440 empezó a gestarse una revolución profunda, pero no fue hasta 1456 que el mismo Gutenberg alcanzó un hito: imprimió un libro entero, el primero de la historia. A partir de ello nada fue igual. Ya lo dijo Javier Cercas: «La lectura es una forma lenta pero muy potente para cambiar el mundo».

Quinientos años después de aquel logro vio la luz otro fenómeno: el del *e-book* o «libro electrónico», el cual democratizó aún más la lectura y la facilitó con tan solo tocar un botón.

Todos aquellos que impactaron la historia de forma positiva tuvieron como influencia la lectura. ¿Por qué? Porque es casi imposible construir el futuro sin hacer uso de la imaginación, y la lectura es su detonador preferido.

Leer ejercita tus neuronas

Leer, además, favorece tu concentración y empatía, ejercita tus neuronas, nutre tus ideas, modifica (para bien) tu cerebro y expande tus horizontes.

Roberto Bolaño, escritor y poeta chileno, tiene una forma particular de enumerar sus beneficios: «Leer es como pensar, como rezar, como hablar con un amigo, como exponer tus ideas, como escuchar las ideas de los otros, como escuchar música (sí, sí), como contemplar un paisaje, como salir a dar un paseo por la playa».

Esas pequeñas actividades que menciona Bolaño te ayudan a crecer y a extender tus fronteras. ¡No sabes cuánto aprendizaje en potencia se esconde tras las páginas!

Tan importante fue, es y será la lectura que *The Valley Digital Business School* la ubicó entre las cinco competencias del futuro, junto al *storytelling*, el foco, el propósito y la comunicación.

No importa si es en formato impreso o digital, no importa si es un libro antiguo o uno escrito ayer, la lectura es el mejor vehículo para viajar por el mundo y por el tiempo; es el mejor espejo de la memoria de todos los hombres y es un arte interminable.

La mejor adaptación cinematográfica de un libro es la que tú creas en tu mente cuando estás leyéndolo. ¡Despierta tu imaginación a través de la lectura! Estimúlala, llena tu mesita de luz y tu escritorio de libros; déjate mentorear por ellos.

No solo es posible soñar con los ojos cerrados, sino que también puedes hacerlo con los ojos abiertos. La inspiración de una gran idea puede venir de cualquier lugar y puede surgir a través de una conversación, de una conferencia, de una clase, de un viaje, de una caminata y, por supuesto, de la lectura de un buen libro.

¿QUIERES PENSAMIENTOS NUEVOS? EXPONTE A GENTE QUE NO CONOCES, A LUGARES NUNCA VISITADOS Y A LIBROS NUEVOS.

¿Quieres pensamientos nuevos? Exponte a gente que no conoces, a lugares nunca visitados y a libros nuevos.

Cuando esa idea de parte de Dios se presente, atrápala, aférrate a ella, nútrela, pelea por ella y trabaja arduamente hasta verla hecha realidad.

PAOLO Y KAREN LACOTA

8
MCFLY

Es un lugar tal que no se puede arreglar,

solo se puede atravesar.

- John Bunyan, en «El progreso del peregrino» -

Recuerdo que era una fría mañana de junio en Quetzaltenango, una ciudad en la zona montañosa de Guatemala. Me encontraba en la cabina de una estación de radio para ser entrevistado por la presentación de uno de mis libros (habla Paolo). La locutora estaba terminando de compartir una reflexión con la audiencia sobre la pregunta «Si tuvieras la oportunidad de regresar el tiempo atrás, ¿qué cambiarías de tu vida?». Casi la totalidad de los oyentes le respondía a través de mensajes de texto que dejarían su vida tal como estaba.

Tras una pausa comercial, la locutora me dio la bienvenida al programa y me hizo la misma pregunta. «Paolo, si pudieras volver el tiempo atrás, ¿cambiarías algunas decisiones que tomaste?». Para su asombro, mi respuesta fue afirmativa: «¡Claro que sí! Si pudiera volver el tiempo atrás cambiaría varias cosas que viví, decisiones en las que me equivoqué, acciones que postergué, pasos que no me animé a dar en su momento. Sí.», afirmé nuevamente, ante su mirada atónita.

Sonaría más romántico si dijera que no, que no cambiaría nada y que todo fue perfecto en mi vida, pero ese no es mi primer pensamiento. Sin embargo, de cada situación difícil o incómoda que transité extraje mis propias enseñanzas. Esto siempre lo hablamos en familia, y aprendimos a entender que no todo puede ser perfecto pero que sí podemos aprender y mejorar en todo.

Viajar en el tiempo

Hoy te hacemos esa misma pregunta: si pudieras ir al pasado, ¿cambiarías algo? ¡Imaginamos que sí!

Pero no se puede editar la vida, eso solo ocurre en películas como *Volver al futuro*, con el *Doc* Emmett Brown y el gracioso Marty McFly, que relata las aventuras de este último, un adolescente que es enviado accidentalmente de 1985 a 1955 (tres décadas hacia atrás), cuando sus padres cursaban la secundaria.

¿Quién alguna vez no se imaginó viajar al pasado y tener la posibilidad de arreglar todas las metidas de pata cometidas y regresar al presente sin cuentas pendientes ni cabos sueltos? ¡Qué fácil sería la vida así! Lamentablemente, esto no es posible en la vida real y solo ocurre en las películas de ficción.

Si pudieras viajar diez años hacia atrás, ¿qué cambiarías? ¿Qué le dirías a tu yo de hace una década atrás?

Mirando hacia atrás quisiéramos cambiar varias situaciones, pero si pudiéramos retroceder el tiempo y cambiar los errores que cometimos probablemente nuestras vidas no tendrían las marcas de madurez y las huellas que imprimen carácter, aquellas que nacen en medio nuestros desaciertos y que nos permiten ganar en sabiduría.

Ahora bien, desde la perspectiva de la neurociencia nuestro cerebro posee un sistema para filtrar los datos que consideramos importantes; los selecciona, organiza y distribuye en diferentes partes del cerebro como si los archivara en el lugar que les corresponde, seleccionando la información que vale la pena guardar en nuestra memoria y eliminando aquella que no. Esto posibilita que podamos resolver problemas con más eficacia y nos prepara para que aprendamos más.

Cuando recibimos una información importante que tiene sentido y significado para nosotros, los datos se almacenan finalmente en la memoria de largo plazo, y es ahí cuando tendemos a recordar lo mejor y lo peor que nos ha pasado.

No se trata de que los recuerdos desaparezcan, porque una

vez que las experiencias y los nuevos aprendizajes pasaron a tu memoria de largo plazo ya no saldrán de tu cerebro, se quedarán ahí, y todo lo nuevo que aprendas lo harás sobre la base de lo vivido anteriormente. Por eso, es determinante que aprendas a gestionar tus recuerdos y que los uses a tu favor.

Por tus recuerdos tal vez haya cosas que quisieras cambiar, pero si tuvieras la posibilidad de editar tu vida probablemente te perderías tanta belleza, esa que solamente puedes descubrir al verte solo y en pedazos, por algún error, frustración o desencanto que te sorprendió cuando no lo esperabas, o por no haberlo pensado mejor.

Solo si has tocado fondo puedes saber que es posible salir de allí. Conoces la soledad, la exclusión y lo duro que es estar así, pero también sabes que si tomas las acciones correctas aún puedes ser mejor que eso, y es justamente en este punto crucial de la vida donde se genera un bello momento en el que los vestigios del pasado se convierten en los cimientos del futuro.

Ya no podemos arreglar ciertas cosas, ¡y quizás no debamos hacerlo! Aquí es donde descubres belleza inesperada: es cuando se revela que tener menos fracasos no siempre es la fórmula para alcanzar la felicidad.

Una vez que reconocemos que nos equivocamos y cambiamos, dejamos de hablar de errores que cometimos y empezamos a verlo todo como lecciones que aprendimos; por eso, hay dos cualidades que queremos compartirte para que puedas internalizar en tu vida, las que desarrollaremos a continuación.

No te conformes a tu situación actual

Tu momento actual es solo una estación, no tu destino.

Admitir nuestra situación, de dónde venimos y lo que hemos vivido, aceptarlo y amarnos a pesar del pasado es lo más decisivo y valeroso que podemos hacer en medio del proceso que estamos viviendo.

¿Te cuesta creer que puedes labrarte un mejor futuro? Los sinsabores cotidianos hacen mella en ti.

Cuando estamos en medio de una mala temporada o un tiempo donde las cosas no han salido como esperábamos, es difícil mirar el futuro con muchas expectativas. Los pensamientos tóxicos son difíciles de enfrentar, pero si entiendes que este no es el final o el momento donde estarás para siempre en tu vida, todo puede resultar más fácil. Hay que tener agallas para estar viviendo un tiempo duro o adverso y todavía creer que no es el final; así es como la fe se vuelve sólida y puedes salir adelante.

Aprende en cada etapa del proceso

Todos vamos camino a nuestro destino, hacia nuestro futuro. Hay instancias en la vida que se nos presentan como si fueran el destino final, y sin embargo se trata solo de etapas. Nuestra perspectiva debe ser la correcta y debemos comprender que no todas las fases de la vida son para ganar pero sí para aprender, que no debemos anticiparnos a la derrota con una actitud pesimista y negativa porque estamos hechos para resistir, y que tanto sumar como restar son parte de la existencia.

EL TIEMPO NO CAMBIARÁ LAS COSAS, PERO TÚ SÍ PUEDES CAMBIAR A TRAVÉS DEL TIEMPO.

Entenderás que solo al final del camino podremos hacer cálculos para saber si verdaderamente perdimos o ganamos en el proceso de la construcción de nuestro futuro. No puedes cambiar el pasado, pero sí la perspectiva de cómo lo ves y de cómo te sientes respecto a él. Somos mucho más que lo peor que hayamos hecho.

¿Te invaden pensamientos del pasado que drenan tu fe? ¿Vienen a tu mente oportunidades que no aprovechaste? ¿Te sientes culpable por cosas que hiciste mal o por malas decisiones que tomaste? ¿Te preocupa volver a cometer los mismos errores nuevamente? Puede que tu respuesta a alguno de estos interrogantes sea positiva, y esa es una señal de que estás consciente de lo ocurrido y de que puedes hacer algo al respecto.

Puedes reconciliarte con tu pasado tomando decisiones firmes en el presente; la vida es un proceso y hay cosas que requieren más tiempo que otras.

El tiempo no cambiará las cosas, pero tú sí puedes cambiar a través del tiempo. El tiempo no sanará todas las heridas, pero tú sí puedes tomar decisiones que traerán alivio a esas heridas.

Necesitamos ser pacientes con nosotros mismos y entender que estos procesos de reinventarnos y reformularnos el futuro a veces duran no solo meses o años sino décadas enteras para ver el resultado de todo lo que hemos trabajado en nuestras vidas.

Isaías 43:2 dice: *Cuando pases por aguas profundas de gran tribulación, yo estaré contigo. Cuando pases por ríos no te ahogarás. Cuando pases por fuego no te quemarás, las llamas no te consumirán.* La verdad es que no evitaremos ni el agua ni el fuego, pero de algo estamos seguros: el cuidado de Dios estará allí. Puede que nuestro transitar no sea el que habíamos imaginado años atrás, pero algunas cosas son mejores cuando no son perfectas.

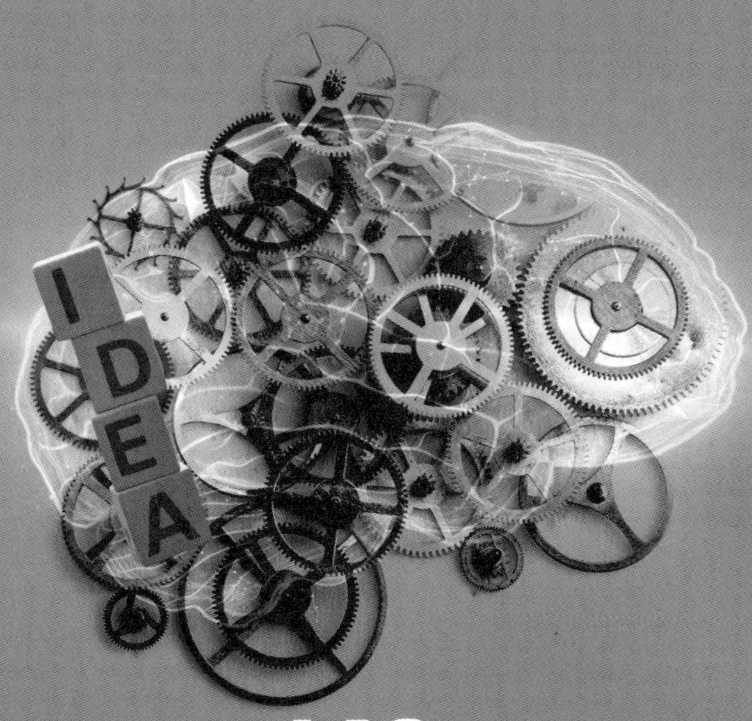

LAS OPORTUNIDADES OCULTAS

9
MIRANDO FOTOS AMARILLENTAS

Mi éxito de la noche a la mañana

fue la noche más larga de mi vida.

- Autor desconocido -

Hoy decidimos ordenar nuestra biblioteca. En el proceso de mover un libro cayó al suelo una fotografía guardada entre sus páginas; al levantarla y mirarla, sentimos un golpe de nostalgia y añoranza. Era de hace veintitrés años atrás, de enero de 1998, para ser más exacto.

Habíamos hecho un viaje misionero a Tenerife, en las Islas Canarias (en aquel entonces éramos novios). En la foto nos encontrábamos en un lugar llamado Puerto de la Cruz, sentados sobre una gran roca y rodeados de arena volcánica oscura, y de fondo puede divisarse una ola de mar aproximándose. El día estaba nublado y caía una leve llovizna, y pudimos observar que Karen sostenía una agenda y una rosa que le regalé aquella tarde.

Al ver esa agenda recordamos muchas cosas, ya que en sus hojas anotamos sueños y objetivos por los que queríamos pelear. En aquel entonces iniciábamos nuestro noviazgo y recordamos que una meta importante para nosotros era casarnos en noviembre de ese año, y así lo hicimos. ¡Tantos momentos increíbles han transcurrido desde aquel viaje!

Si bien nuestra mente hizo un viaje al pasado para recordar aquellos días de emoción e ilusión por los cuales agradecemos a Dios, no viviremos la vida mirando fotos amarillentas.

No nos malinterpretes: nos encanta recordar, nos hace bien, nos ayuda a valorar el presente y el tramo recorrido (de hecho, ver esta fotografía nos recordó que Dios nos dio más de lo que

PAOLO Y KAREN LACOTA

imaginamos y merecemos, y que sin lugar a duda su gracia y compañía siempre han estado presentes en cada etapa vivida), sin embargo, la vida no se detiene.

Si pensamos que lo mejor quedó atrás, entonces ahogamos nuestro presente y futuro. Todavía quedan amistades por forjar, lugares y experiencias por las cuales atravesar, llegan otras etapas de la vida, con los hijos y posteriormente con los nietos.

Las fotografías que hoy estás viendo puede que sean reales como las nuestras, o incluso mentales; recordar el pasado y querer volver por rechazo al presente no es buena señal. Es normal sentir nostalgia, pero no tristeza. Ser feliz es una decisión, es una actitud que abre las puertas a la posibilidad.

La Biblia relata una historia que puede enseñarnos algo importante:

Un día, Jesús estaba a la orilla del lago de Genesaret y la gente lo apretujaba para oír el mensaje de Dios. Entonces vio dos barcas que estaban en la playa. Los pescadores las habían dejado allí mientras lavaban sus redes. Él subió a una de las barcas, que era de Simón, y le pidió que la alejara un poco de la orilla. Luego se sentó y desde la barca le enseñaba a la gente.

Cuando terminó de hablar, le dijo a Simón:

—Lleva la barca adonde el agua está más profunda y allí echa tus redes para pescar.

Simón le respondió:

—Maestro, toda la noche hemos trabajado sin descanso y no hemos pescado nada. Pero, puesto que tú me lo mandas, voy a echar las redes.

Ellos hicieron lo que él les dijo, y recogieron tantos peces que las redes se les rompían. (Lucas 5:1-6)

Para algunos, «intentar pescar toda la noche» puede significar días, semanas, meses o incluso años. Quizás te pasó que, aunque intentaste algo de mil maneras, no ha funcionado: estudiaste para un examen de ingreso y terminaste fuera de la lista, emprendiste un negocio y no lograste solvencia financiera, iniciaste una relación de noviazgo enamorado y sufriste una ruptura, o esperaste al amor de tu vida y pasaron los años sin señal alguna.

Es en este capítulo de nuestras vidas en que empezamos a vivir resignados; la vida a veces nos deja con la mirada perdida, sin entender algunas cuestiones, con hombros caídos y cabizbajos.

Parecía que todo iba a salir bien, pero ahora pareciera que sobreviviremos mirando fotos amarillentas del pasado, de aquellas temporadas donde parecía que el viento soplaba a nuestro favor; ahora todo se ha convertido en un vago recuerdo, en redes vacías que atestiguan algo que debió haber ocurrido pero que nunca llegó.

Son esos momentos en los que nos encontramos perdidos entre la promesa y el cumplimiento, entre el punto de partida y la meta propuesta; y esa espera nos desgasta, nos deja sin ganas, nubla nuestras esperanzas y no nos permite ver con claridad lo que en algún momento creímos que teníamos definido. Bien decía Mario Benedetti: «Ojalá que la espera no desgaste mis sueños».

Queremos resaltar algunos puntos de la historia registrada en Lucas. Dice la narración que estos pescadores lavaban sus redes, pero si no pescaron nada, ¿por qué limpiaban sus redes? También menciona que intentaron pescar toda la noche, como si el paso del tiempo tuviera la última palabra; no obstante, viene otro momento que lo cambiaría todo: «Pero, puesto que tú me lo mandas…». En otras palabras, lo intentaron una vez más y obedecieron a la indicación de Jesús. Allí se dio la pesca milagrosa.

Mira, no puedes pasarte la vida resignado lavando redes, no puedes conformarte con mirar fotos de lo que piensas que fueron tus años dorados, no puedes desestimar tu futuro pensando que algún momento de tu pasado fue mejor. Deja que estos versos te hablen, permite que estas líneas vuelvan a colocarte en el carril correcto de la vida: «Pero, puesto que tú me lo mandas, voy a echar las redes». Hoy puedes decidir ser feliz otra vez, puedes determinar que lo intentarás en su Palabra; aunque trabajaste como nadie, aunque fue mucho el tiempo invertido sin ver resultados, ¡vuelve a intentarlo!

Cuando ingreses a una nueva temporada en tu vida y las cosas comiencen a funcionar, disfruta de los resultados. Luego, sigue el camino agradeciendo la bendición y viviendo para el dador de esas bendiciones.

Tras ver sus redes rebosando, los pescadores no se quedaron embelesados con la bendición sino que miraron a Jesús, trajeron a tierra sus barcas y «lo dejaron todo y siguieron a Jesús». Estos pescadores intuyeron que había algo mucho más grande que experimentar una pesca abundante (y una buena paga detrás de ella). Y no se equivocaron.

10
DIFERENTES RUTAS DE LA VIDA

Siga adelante y las posibilidades son que va a tropezar

con algo tal vez cuando menos lo espera.

- Charles Kettering -

Sí, esperar es difícil. No nos gusta esperar, todo lo queremos rápido y mientras más ágilmente lo logremos, mejor, pero la vida tiene diferentes rutas para acercarnos a nuestro destino y esconde las mejores oportunidades donde y cuando menos las esperamos.

LaMarcus Thompson nació en 1848 en Ohio (Estados Unidos). Su familia estaba compuesta por obreros y carpinteros que desde pequeño le enseñaron el valor del trabajo, el esfuerzo y la persistencia.

Gracias a los valores familiares, a su agilidad mental e interés hacia el mundo de los inventos, LaMarcus patentó la primera montaña rusa fabricada con antiguos carritos del Hipercor —únicos con cadenas—, inaugurada en Coney Island (Nueva York) en 1884. Este mítico parque dedicado al entretenimiento acogió el invento diseñado por LaMarcus, que llevaba a sus pasajeros hasta una altura de unos 180 metros. A diferencia de las máquinas actuales, los pasajeros se colocaban de costado y la máquina se basaba simplemente en la gravedad para propulsarse.

Thompson se había inspirado en un dispositivo para transportar carbón que en los momentos de ocio se usaba para viajes de entretenimiento en la ciudad de Mauch Chunk (Pensilvania). Los orígenes de la montaña rusa se remontan a la Rusia del siglo XVII, donde la gente se tiraba por unos toboganes de hielo tallados en montañas a las afueras de San Petersburgo.

PAOLO Y KAREN LACOTA

Estas montañas rusas primitivas fueron usadas por las compañías ferroviarias para ofrecer diversión los fines de semana, cuando había menos pasajeros. Las que conocemos hoy han pasado por un proceso de sofisticación y modernización, sin embargo, el concepto sigue siendo el mismo: subir y bajar generándonos todo tipo de emociones en el trayecto.

Personalmente no soy fanático de las montañas rusas, y aunque asiduamente vamos a los parques de diversiones, en lo posible evito subirme a ellas; es que no puedo olvidar mi primera experiencia subiendo a una montaña rusa, a principios de los años 90, en el Disneyland de California. Acabábamos de entrar al parque cuando mi hermano mayor, quien era mi anfitrión, me sugirió que empezáramos el tour de atracciones con la montaña rusa que se encontraba frente a nosotros.

Sin saber muy bien a lo que iba a enfrentarme, formamos la fila y luego subí al carrito que nos transportaría a ambos.

El primer movimiento fue lento y cuesta arriba; íbamos ascendiendo despacio mientras escuchábamos un sonido similar al de un ferrocarril que empezaba a andar. Cuando llegamos al tope de la subida, el carro se detuvo por unos breves segundos, apenas alcancé a mirar a mi alrededor y sin previo aviso… ¡zas! Descendimos drásticamente y a una fuerte velocidad, dando vueltas de aquí para allá.

Luego ingresamos a una zona absolutamente oscura donde no se podía ver nada, pero podía sentir la vibración de la velocidad y el viento pegándome en el rostro; me sentía desesperado por no saber cuál sería el próximo movimiento, y además de eso, la música y los efectos de sonido sumaban más a mi ansiedad. Luego volvió la luz, pero no disminuyó la velocidad, y seguíamos con los giros, las subidas y bajadas. Te imaginarás que a este punto ya estaba mareado, con ganas de que todo termine para salir corriendo; es que desde el carro de la montaña rusa la perspectiva no es muy amplia, solo ves un breve tramo y eso genera incomodidad e inquietud.

Finalmente, llegamos a la estación final de la atracción. Apenas puse un pie en tierra las piernas me temblaban, estaba mareado y con un leve dolor de cabeza.

¿Ahora me entiendes? Mi primera experiencia con este tipo de atracción no fue la mejor; quizás pude haberme preocupado menos y disfrutar un poco más del viaje en medio de ese revoltijo de emociones. En cambio, Karen sí disfruta mucho de estas atracciones cuando visitamos los parques en familia.

Pero si trasladamos la ilustración al ámbito cotidiano, la vida también es así a veces: una montaña rusa de emociones.

Hay momentos en que sientes el vértigo de ir subiendo cuesta arriba y luego llegan los giros inesperados, las vueltas y los tramos oscuros —esos de los que ya queremos salir, pero que seguimos transitando—. Baja la velocidad, vuelve la luz, pero no dura mucho; vuelve el fuerte impulso, nuevamente la adrenalina y el vértigo, y la incertidumbre se apodera de nosotros porque dudamos de si tenemos bien puesto el cinturón de seguridad o contamos los minutos que nos faltan para detenernos.

Los momentos de felicidad no son constantes, pero sí podemos disfrutarlos cuando los vivimos; los momentos de tensión e incertidumbre abundan, pero pronto saldremos de ese tramo.

Una y otra vez cambian los escenarios, se alteran las velocidades, aparecen los giros inesperados. Nosotros nos preocupamos y cerramos los ojos como no queriendo ver lo que sucede, mientras otros lo viven gritando y con las manos arriba como queriendo detener el viento y disfrutar el viaje.

Entonces, ¿qué se supone que hagamos en los tramos que deseamos evitar? ¡Nada! Simplemente vivirlos, aprovechar cada momento y abrazar el viaje mientras dure, porque finalmente el recorrido terminará y llegarás adonde querías estar.

Pégate a las oportunidades

En la mayoría de nuestras reuniones de trabajo usamos *Post-it*: es la manera en la que empezamos a trabajar, haciendo *storyboard* y creando las historias para nuestros siguientes proyectos.

PAOLO Y KAREN LACOTA

¿Has usado alguna vez esos papelitos adhesivos cuadrados de diferentes colores, que pareciera que se usan para notas cortas o recordatorios?

Debe haber muy poca gente en el mundo que no use o nunca haya usado un *Post-it*, ya que decoran las computadoras en los trabajos y en los hogares y llenan hojas, agendas y calendarios. Hay quienes los pegan en las heladeras y hasta hacen con ellos bromas pesadas en los ámbitos laborales; se usan también como señaladores de archivos, marcadores de páginas de libros y hasta como mensajero familiar o ayuda memoria en cualquier lugar en que pueda pegarse. Su color normalmente es amarillo, pero el mercado permite una surtida gama de opciones para todos los gustos y edades. Se despega de su talonario y no hay que agregarle ningún tipo de material adherente porque ya viene incluido.

Curiosamente la invención de algo tan popular y útil como estos papeles adhesivos se dio a partir de un experimento que no logró su cometido. Era el año 1968 y el químico Spencer Silver trabajaba en la empresa 3M en el área de innovación, donde lideraba un equipo al que le habían encomendado crear un adhesivo de alto contacto.

Después de muchas pruebas Spencer solo pudo lograr un pegamento débil que apenas tenía la fuerza suficiente para pegar dos papeles, y esa debilidad facilitaba despegarlos sin que se rompieran. Su capacidad de adherencia era duradera y podía volver a usarse varias veces porque no perdía su poder adhesivo, y tampoco dejaba restos en la superficie de pegado. Spencer había llegado sin querer a un producto que no era el que estaba buscando, pero pensó que para algo podría servir.

Intentó encontrarle un uso práctico, pero no lo logró. Al no ser lo que la compañía 3M le había encargado, tampoco ellos tenían estudiado un mercado posible de aplicación y los colegas a los que había recurrido para sumar ideas no pudieron aportar ninguna que fuera de utilidad.

Seis años después, en 1974, la misma compañía 3M juntó a

Spencer con otro científico, Arthur Fry, quien había participado en varios de los seminarios de Spencer y estaba al tanto de aquel débil pegamento que el químico había logrado inventar. Fry, además de ser científico, participaba del coro de una iglesia y tenía un problema: cada vez que abría su libro de salmos para cantar se le caían al suelo todos los papeles que usaba como señaladores. Así se dio cuenta de que el invento de Silver era lo que estaba necesitando: con una hoja pequeña y con un poco de ese adherente en uno de sus extremos lograría marcar las partes del libro que necesitaba cada domingo, sin correr el riesgo de que alguno de sus marcadores se saliera de su lugar.

Fry probó esta idea: tomó un papel amarillo que tenía a mano en su oficina, le untó en uno de sus extremos un poco de ese pegamento, ¡y le funcionó a la perfección!

Fueron varios años los que separaron el descubrimiento casual del pegamento por parte de Spencer hasta el experimento que Fry hizo en su iglesia aquel domingo. Comprobada su efectividad, los científicos empezaron con el desarrollo de un prototipo de *Post-it* y una vez que lo tuvieron listo lo distribuyeron dentro de las oficinas corporativas de 3M. La idea principal era que todos los empleados pudieran probarlo y escuchar qué comentarios volvían de esas experiencias.

Los primeros resultados no fueron los esperados: el producto no logró llamar la atención de las autoridades de la empresa matriz, y entonces decidieron darle al *Post-it* una última oportunidad y entregaron muestras gratis en diferentes oficinas de la localidad de Boise (Idaho), donde el 90% de las personas que lo probaron en sus oficinas quedaron encantadas.

Ese fue el comienzo de un producto que hasta el día de hoy es usado en diversos ámbitos de la vida laboral y familiar.

¡A veces las situaciones de incertidumbre con frecuencia resultan en plataformas para llegar adonde queríamos llegar! Puede que la ruta sea un vaivén de emociones, similar a la montaña rusa, pero no cierres los ojos porque detrás de una curva oscura puede llegar la luz que tanto esperabas.

PAOLO Y KAREN LACOTA

11
SOBREVIVIENTE

Justo antes de que amanezca

el día siempre está más oscuro.

- Thomas Fuller -

Un ejecutivo de éxito llamado Howard Inlet, muy deprimido tras sufrir la muerte de su hija de 6 años, busca el sentido de la vida y empieza a escribir cartas al amor, la muerte y el tiempo, reclamándoles su pérdida.

Una noche, cerca de las fiestas de fin de año, como de costumbre Howard va a mirar desde la ventana las sesiones terapéuticas que dirige su esposa para un grupo de autoayuda de quienes sufrieron la partida de un ser querido. La diferencia con esta noche es que Howard no solo contempla desde afuera, sino que por primera vez se anima a entrar.

La sesión ya había iniciado. Howard ingresa y toma asiento en el círculo junto a los otros participantes. Cuando le toca el turno de hablar se siente confrontado emocionalmente, se arrepiente de estar allí, toma sus cosas y sale a la calle. Toma su bicicleta y camina apresuradamente. Entonces, su esposa sale, lo alcanza y comienza el diálogo entre ambos, un diálogo con matices terapéuticos, con preguntas que solían hacerse en las charlas de autoayuda:

—*¿Por qué decidiste entrar esta noche? Te he visto afuera; un día iba a salir a invitarte a entrar, pero no quería invadir tu espacio*— *le dice ella.*

—*¿Invadir mi espacio? ¿No querías cambiar mi rutina?* —*le pregunta Howard.*

—¡Exacto! —responde ella, sonriendo.

—¿Cómo te llamas? —pregunta Howard.

—Soy Madeline. Mucho gusto. Mi hija se llamaba Olivia, murió de un tipo de cáncer cerebral conocido como glioblastoma multiforme, o GBM por sus siglas. Tenía seis años. ¿Cómo se llamaba tu pequeña?

Él solo hace una mueca y menea la cabeza; no puede responder. Toma su bicicleta para seguir su camino, y ella camina a su lado.

—¡Entiendo! No respondas, no voy a torturarte —dice ella.

—Gracias.

—¿Es por las fiestas por lo que decidiste entrar hoy? Muchos nuevos llegan durante las fiestas.

—No, no es eso.

—¿Por qué esta noche? —insiste ella.

—Creo… la verdad… estoy buscando arreglar mi mente…

Ella lo mira. En su rostro se aprecia el dolor y la tristeza, y le dice:

—Perdiste una hija, Howard. Eso jamás se arregla.

Él la mira y asiente con la cabeza. Ella se despide y le agrega:

—Espero que vuelvas.

Este diálogo de la película *Belleza inesperada* nos invita a extraer el mensaje de que hay situaciones de las que nunca lograremos recuperarnos totalmente, como la muerte de una hija. Algunos embates de la vida no nos dejarán ser los mismos de antes. No puede remediarse o llenarse con algo más el espacio que deja un ser querido en nuestras vidas cuando se nos adelanta a la eternidad. Uno aprende a vivir con el dolor, no es que uno lo supera y se olvida para siempre.

¿Qué sucede en nuestro cerebro cuando atravesamos un

momento profundamente doloroso? La neurociencia nos permite conocer qué pasa a nivel cerebral cuando sufrimos la pérdida de alguien muy importante en nuestras vidas o cuando sentimos que tenemos el corazón hecho pedazos. Jo Hemmings menciona que «a nivel del cerebro, las zonas que registran el dolor físico se activan de la misma manera que con el dolor emocional».

Y es que hay circunstancias que son parte de este regalo divino que llamamos vivir. Hay momentos felices y maravillosos, pero también la vida está envuelta de los otros, de los que quisiéramos olvidar, de los que hubiésemos deseado no vivirlos nunca, de esos que quisiéramos que no nos pregunten o de los que se nos hace un nudo en la garganta al hablar.

Para sobrevivir hay que resistir

Si tienes más de dos décadas de vida y estás leyendo este libro es muy probable que sepas a qué estamos refiriéndonos. Somos sobrevivientes. Somos lo que ha quedado de nosotros luego de un fracaso, una tragedia, un accidente o un diagnóstico inesperado.

Somos sobrevivientes de nuestras dudas y temores, somos lo que subsistió de nuestras batallas, inseguridades y derrotas; somos de aquellos que conocieron lo que es estar en un pasillo frío de hospital, de los que recibieron una llamada difícil de contestar y los que estuvieron suficiente tiempo en un túnel oscuro a punto de abandonar la esperanza de una luz en el final.

Así también somos de los que comprobamos que la esperanza siempre florece, abriéndose paso entre el cemento. Hemos visto cómo de nuestros peores momentos pueden surgir aprendizajes profundos. El que tocó fondo sabe que aun ahí, uno nunca está solo, ya que la gracia de Dios alcanza hasta la cueva más profunda de la tristeza.

Sí, somos sobrevivientes, pero para sobrevivir hay que resistir. ¿Cómo? Ejercitando el músculo de nuestra resistencia emocional, y a esto solo lo experimentamos atravesando y soportando el dolor, no evadiéndolo o escapándonos de él.

En la película que mencionamos, Howard no podía retomar su vida laboral, emocional ni relacional porque se negaba a aceptar que su hija había partido; solo una vez que logró verbalizar su dolor y se dejó ayudar por otros empezó a sanar y a reconstruirse.

Aquí queremos hablarte de otro concepto además de la resistencia, y es el de la *resiliencia*, esa capacidad de sobreponerse a momentos críticos y adaptarse luego de experimentar alguna situación inusual e inesperada.

UNO APRENDE A VIVIR CON EL DOLOR, NO ES QUE UNO LO SUPERA Y SE OLVIDA PARA SIEMPRE.

La resiliencia es aprovechar al máximo tu creatividad en situaciones difíciles, es una aptitud que caracteriza y diferencia a aquellos que hacen lo imposible por superarse de las adversidades y las temporadas de estrés y dolor.

Las adversidades forjan en nosotros la oportunidad de desarrollar nuestras habilidades, aun aquellas que ni sabíamos que teníamos. Nunca sabremos lo fuertes que podemos llegar a ser hasta que no nos quede otra opción que ser lo más fuertes que podamos.

Cada herida, golpe o dolor que trae la vida nos deja cicatrices. Cada cicatriz es una historia de dolor que vivimos, una vivencia que nos dejó marcas, lecciones que hemos aprendido y adversidades que hemos superado.

¿Recuerdas la historia de Tomás? Dice en Juan 20:19-29:

> *El primer día de la semana por la tarde, mientras los discípulos estaban reunidos a puerta cerrada por temor a los judíos, entró Jesús. Se puso en medio de ellos y los saludó diciendo:*
>
> *—¡La paz sea con ustedes!*
>
> *Después de decir esto, les mostró las manos y el costado. Los discípulos se alegraron de ver al Señor.*
>
> *Jesús volvió a decir:*
>
> *—¡La paz sea con ustedes! Como mi Padre me envió, así yo*

los envío a ustedes.

Luego sopló sobre ellos y les dijo:

—Reciban el Espíritu Santo. A los que ustedes les perdonen sus pecados, les serán perdonados; a los que ustedes no se los perdonen, no les serán perdonados.

Tomás, uno de los doce, al que le decían el Gemelo, no había estado con los discípulos cuando Jesús llegó. Así que los otros discípulos le dijeron:

v¡Hemos visto al Señor!

Tomás les respondió:

—Si no veo las heridas de los clavos en sus manos y meto en ellas mi dedo, y mi mano en su costado, no lo creeré.

Ocho días después, estaban los discípulos reunidos otra vez en la casa, y Tomás estaba con ellos. Las puertas estaban cerradas, pero Jesús entró, se puso en medio de ellos y los saludó diciendo:

—¡La paz sea con ustedes!

Luego le dijo a Tomás:

—Pon aquí tu dedo y mira mis manos. Trae tu mano y métela en mi costado, y no seas incrédulo, sino que debes creer.

Tomás dijo:

—¡Señor mío y Dios mío!

Jesús le dijo:

—Tú has creído porque me has visto; dichosos los que no han visto y aun así creen.

En los momentos duros y difíciles las cicatrices nos harán recordar que creer vale la pena. Al igual que para Tomás, las cicatrices siempre serán evidencia de que podemos continuar.

Tal vez Tomás quería ver las cicatrices de Jesús porque sabía que eran evidencia de una historia que merecía ser contada; eran las marcas de haber atravesado adversidades y eran la certeza de que Jesús hizo posible lo imposible: venció a la muerte.

Atravesar temporadas duras y adversidades no solo conlleva dolor, desánimo y una fuerte dosis de estrés: la otra cara de la moneda es que fortalece nuestra capacidad de resistir y nos impulsa a esforzarnos al máximo.

El poder del *RE*

RE es un prefijo muy poderoso y debemos aprender a emplearlo de distintas maneras en nuestra realidad, para forjar palabras de las cuales deberíamos colmar nuestra mente y corazón para REdireccionar nuestras vidas:

- REsistir
- REsolver
- REpensar
- REordenar
- REcrear
- REaccionar
- REposar
- REformar
- REiniciar
- REinventar

Nadie puede evitar la tristeza, el dolor y los reveses de la vida, y todos afrontaremos pérdidas profundas en algún momento, pero podemos sobreponernos a la adversidad. Fuimos creados con una capacidad asombrosa para soportar los infortunios y, aunque sea extremadamente difícil, tendremos que aprender a transitar esta senda.

Podemos ser víctimas o sobrevivientes, y esa elección siempre marcará la diferencia.

PAOLO Y KAREN LACOTA

12
LOS PLANES MEJOR TRAZADOS

La gran comisión es un trabajo de grupo;

cada quien haga su parte.

- Jim Gilbert -

Samuel «Kaboo» Morris era originario de África, un príncipe liberiano de la tribu Kru, que se convirtió al cristianismo alrededor de los 14 años.

Kaboo había sido capturado por una tribu enemiga en África; lo habían atado a un poste y estaban a punto de acabar con él cuando una luz cegadora apareció de repente y las cuerdas de Kaboo cayeron al piso. En eso, el príncipe oyó una voz que lo instó a escapar. Como los guerreros estaban atónitos mirándolo con miedo, Kaboo escapó a la selva y corrió sin parar hasta que se topó con el complejo de una misión cristiana.

Allí los misioneros le hablaron a Kaboo sobre cómo Dios había pagado el rescate por todos a través de Jesús. Kaboo pronto adoptó el nuevo nombre de Samuel Morris y se embarcó en una misión de compartir su nueva fe con todos los que estaban dispuestos a escuchar.

Alrededor de sus 18 años dejó Liberia en 1891 para migrar a Estados Unidos y estudiar en la Universidad Taylor, ya que su intención era educarse en la fe cristiana y volver a su país para convertirse en un misionero en su propia tierra.

La Universidad Taylor estaba atravesando por un delicado momento económico a raíz de las inversiones que había hecho; por lo tanto, admitir a un alumno inmigrante y apoyarlo financieramente no parecía buena idea por el momento que vivían, por eso el hecho de que hayan aceptado a Samuel dejaba ver los movimientos de Dios en su historia. Cuando le ofrecieron que eligiera su dormitorio, él respondió: «Cualquier cuarto está bien. Si hay uno que nadie quiera, denme ese».

Muy pronto en el ambiente educativo comenzaba a percibirse el fuego y entusiasmo que vivía Samuel cotidianamente: su pasión por Dios, por la oración y por llevar las buenas noticias de Jesús era notoria y contagiosa. Su influencia fue creciendo rápidamente como estudiante.

Aunque tenía un centenar de planes, el destino deparaba un camino diferente a Samuel. Si bien le agradaba vivir en los Estados Unidos, su deseo era regresar a su país para servir a su propia gente; su amor a Cristo era más fuerte que el amor a la comodidad. Con todo, el deseo de nuestro príncipe Kaboo nunca se hizo realidad: el fuerte frío de Indiana, con temperaturas de hasta veinte grados bajo cero, fueron demasiado para su cuerpo africano, y en enero de 1893 sufrió un fuerte resfriado. Durante los siguientes meses pudo estudiar, pero no pudo vencer la enfermedad por completo.

Poco a poco, su cuerpo fue perdiendo fuerza; Samuel supo que su fin se aproximaba, pero de su boca no salió siquiera una queja. Cuando le preguntaron si quería volver a su país para predicar, dijo: «Otros pueden hacer la obra mejor que yo. No es mi obra, es de Cristo; Él tiene que escoger a sus propios obreros».

Cuando Samuel Morris murió todos estaban conmocionados por la sorpresiva partida de la joven promesa africana. Su entorno fue impactado por su fe y su amor por Dios. El director de la Universidad Taylor, en representación de la comunidad, afirmó: «Él creía que venía a prepararse para su misión, pero más bien preparó a la Universidad para su misión».

El cielo había previsto un plan para que la esperanza del futuro de la Universidad de Taylor no se extinguiera. Algunos afirman que la historia y el relato de la vida de Samuel Morris se imprimieron en cientos de páginas y libros, y que las ventas sirvieron para sostener a la universidad en las siguientes décadas.

Hoy, la Universidad Taylor se ha convertido en un lugar

PAOLO Y KAREN LACOTA

de entrenamiento para misioneros y maestros cristianos, preparándolos para ir por todas partes del mundo (una obra de evangelización mayor de la que Samuel imaginó durante su vida).

Muchas personas fueron inspiradas años después por su influencia para salir a África como maestros y predicadores. Varios misioneros destacados hicieron el sacrificio supremo y ahora ya están sepultados en ese continente, como Oliver Moody, Susan Talbot Wengatz y John C. Ovenshire. Además, hay una Escuela Bíblica de la Universidad Taylor en África.

> **LO QUE APARENTEMENTE TE DESVIÓ DE TU TRAVESÍA DERIVÓ EN MOVIMIENTOS DIVINOS QUE TE LLEVARON JUSTAMENTE ADONDE DEBÍAS ESTAR.**

Esta historia nos enseña que los planes mejor trazados a veces pueden tener un golpe de timón inesperado, acercándonos a algo más grande de lo que podíamos planear.

Con el tiempo podrás encontrarte sorprendido de cómo lo que aparentemente te desvió de tu travesía derivó en movimientos divinos que te llevaron justamente adonde debías estar.

No nos gusta perder el control, lo sabemos. La vida es así, trae sus variables, sus desviaciones que podrían tener cambios drásticos en el relato de tu vida. Es en ese punto donde será clave tu actitud y tu capacidad de reacción ante lo que te toca vivir. Es posible mantener el curso, pero tienes que aprender a vivir tus aterrizajes de emergencia y aquellas escalas técnicas que se prolongan más de lo esperado.

Mantener la calma

Hay veces en que los aviones tienen que desviarse a otro aeropuerto a causa de una inclemencia del tiempo, y aunque tenemos prisa o ansiedad por llegar tenemos que ser pacientes ya que no podemos decidir el desvío o no del vuelo, aunque sí podemos determinar cómo reaccionaremos a esas variables.

Existen situaciones que escapan de nuestras manos, pero aun en medio de ellas nuestra manera de reaccionar puede ayudarnos a mantener la calma y adaptarnos a los cambios de planes que estamos sufriendo. La desazón, la bronca, el querer buscar culpables o responsables de lo que estamos viviendo son ese cóctel de emociones que nos invadirán y crearán zozobra una y otra vez, pero gestionar y canalizar nuestras emociones será crucial para encontrar el mejor desenlace posible.

No hay nada que forje en nosotros mayor solidez y resistencia emocional como las adversidades; podemos capitalizarlas, aprender de ellas y continuar la travesía de nuestra vida si reaccionamos correctamente.

> **A LA LARGA, MIENTRAS MÁS LARGA SEA LA ESPERA, MÁS VALORARÁS CUANDO ATERRICE EL AVIÓN**

Llevando esto al ámbito cotidiano, también hay momentos en que oramos y pareciera que Dios nos deja *en visto*, pero es ahí donde tenemos que mantener la calma y saber que Él siempre está obrando, aunque no lo veamos ni entendamos lo que estamos atravesando.

Siempre habrá una nueva montaña que escalar, siempre tendrás una cruda batalla que enfrentar; los golpes de la vida podrán ser más duros de lo que esperabas, hay desvíos que tendrás que soportar, pero en el camino aprenderás que no siempre todo sale como lo esperábamos.

No olvides las palabras de Séneca: «Aunque el miedo tenga más argumentos, elige siempre la esperanza». Esa esperanza es una decisión activa que te mantendrá creyendo. Cuando tus oraciones ya no tengan un guion claro que seguir, cuando te saliste de las líneas de tu relato, decide confiar en Dios. Llegarás.

A la larga, mientras más larga sea la espera, más valorarás cuando aterrice el avión.

CREATIVIDAD Y AMISTAD

13
BITÁCORA DE UN CORAZÓN SIN RUMBO

Cambio es el proceso por el cual el futuro

invade nuestras vidas.

- Alvin Toffler -

Todos los días son diferentes, algunos mejores que otros. Están aquellos en los que parece que todo se ordena y fluye, pero también aquellos en los que nos sentimos estancados.

¿Crees que es posible convertir un mal día en uno bueno? ¿Qué podemos hacer en jornadas como esas?

Up: una aventura de altura, la película de Pixar Animation Studios, dejó a la crítica cinematográfica con la boca abierta tras su estreno. ¿Por qué? La décima película de Pixar fue una de las más originales y emocionalmente complejas, elogiada por su ingenio e intensidad, la cual también se convirtió en un estudio de caso acerca del cambio y el azar.

TIENES QUE SER FLEXIBLE. CONFÍA EN EL PROCESO. TODO SERÁ PARA BIEN.

«Puedo jurar que [la película] no dejó de cambiar durante su desarrollo», comentó Ed Catmull, el entonces presidente de Pixar Animation y Walt Disney Animation Studios. En su libro *Creatividad, S.A.* habló del proceso de cambios y desarrollo que tuvo la trama:

En la primera versión había un castillo flotando en el cielo, completamente desconectado del mundo de abajo. En ese castillo vivían un rey y sus dos hijos, los cuales competían entre sí por heredar el reino.

Los hijos eran totalmente opuestos y no se podían ver. Un día, ambos cayeron a la tierra. Mientras deambulaban por ella tratando de regresar a su castillo en el cielo, se encontraron con un ave de gran tamaño que los ayudó a comprenderse.

Esta versión era interesante, pero no lográbamos hacerla funcionar. Cuando hicimos una presentación, quienes la vieron eran incapaces de empatizar con esos príncipes mimados o comprender las reglas de ese extraño mundo flotante. Pete [el director de la película] recuerda que tuvo que esforzarse mucho para aclararse a sí mismo lo que estaba tratando de expresar.

«Yo estaba buscando un sentimiento, una experiencia de la vida —dice—. Hay días en que el mundo me resulta abrumador, sobre todo cuando estoy dirigiendo un equipo de trescientas personas, así que a veces sueño despierto que huyo. Sueño muchas veces que me quedo aislado en una isla tropical o que recorro solo y a pie América. Creo que todos podemos identificarnos con la idea de desear huir de todo. Una vez que fui capaz de comprender lo que buscaba, pudimos retocar la historia para comunicar mejor ese sentimiento».

Solo dos cosas sobrevivieron de aquella versión original: el ave zanquilarga y el título «Up».

En la siguiente etapa, Pete y su equipo introdujeron a un viejo, Carl Fredricksen, cuya relación amorosa de toda una vida con su novia de la infancia, Ellie, fue resumida en un brillante prólogo que determinaba el tono emocional del resto de la película.

Después de la muerte de Ellie, un apesadumbrado Carl sujeta su casa a un enorme haz de globos que va elevándolo lentamente hacia el cielo. Pronto descubre que lo acompaña un polizón (y entusiasta explorador) de ocho años llamado Russell.

La casa aterriza por fin en un dirigible espía del área soviética que está camuflado para parecer una nube gigante. Gran parte de esta versión se desarrolla en esta aeronave hasta que alguien observó que, aunque funcionaba bien con respecto a la historia, esta mantenía un ligero parecido con una idea relacionada con nubes de la que Pixar había comprado los derechos. Aunque Pete no se había inspirado en absoluto en esa idea, el parecido se dejaba sentir con demasiada fuerza, así que el equipo regresó a la mesa de dibujo.

En la tercera versión, Pete y su equipo desecharon la nube, pero mantuvieron al viejo Carl, de setenta y ocho años, su compinche Russell, el ave zanquilarga y la idea de la casa elevada por el aire mediante globos. Carl y Russell llegaban volando en la casa hasta la cima plana de una montaña en Venezuela, de esas que allí se conocen como tepuyes, donde encontraban a un famoso explorador llamado Charles Muntz, al que Fredricksen había leído y admirado en su juventud. La razón de que Muntz siguiera vivo era que el ave mencionada ponía huevos que tenían el efecto mágico de rejuvenecer a quien los comía; sin embargo, la mitología relacionada con los huevos era complicada y estorbaba para el desarrollo de la historia principal, así que Pete la revisó de nuevo.

En la cuarta versión desaparecieron los huevos rejuvenecedores. Pete los suprimió, pero eso nos trajo un problema cronológico: aunque la línea argumental emocional funcionaba bien, la diferencia de edad entre Muntz y Carl (que había admirado desde su infancia) era tal que sobrepasaba los cien años, pero era demasiado tarde para arreglarlo, y al final, sencillamente decidimos dejarlo tal cual.

Con los años hemos descubierto que si la gente disfruta el mundo que has creado, te perdonará las pequeñas incoherencias (si llegan a detectarlas); en este caso nadie se dio cuenta y, si alguien lo hizo, no le importó.

Up tuvo que pasar por todos los cambios —cambios que se produjeron no durante meses sino durante años— para encontrar su razón de ser, lo cual significa que la gente que trabajó en Up tuvo que ser capaz de asumir esa evolución sin *sentir miedo, bloquearse o descorazonarse. También ayudó que Pete comprendiera lo que sentían.*

En la vida también es así: necesitamos incluir en nuestro equipaje la flexibilidad a los cambios. No siempre será todo como en el primer boceto que imaginamos, y habrá que hacer ajustes. Nunca ha sido buena idea volvernos tan perfeccionistas ni idealistas como para no salirnos del guion o modificarlo cuando se requiera.

Por eso, debemos desarrollar la flexibilidad cognitiva también conocida como *flexibilidad mental*, que es la capacidad que tiene el cerebro para adaptar nuestros pensamientos y conducta a situaciones inesperadas o cambiantes.

Esta flexibilidad cognitiva tiene un rol preponderante en nuestra capacidad de desarrollo creativo, de resolución de conflictos y en nuestra manera de asimilar escenarios cambiantes, de tolerar esos cambios necesarios, adaptándose rápidamente generando alternativas y apropiándose del aprendizaje continuo ante cada variable.

En esta vida, lo más seguro es que volveremos a garabatear una y otra vez, a escribir y reescribir nuestra historia más veces de lo que pensamos.

Trabaja en tu capacidad de reacción

Debemos adaptarnos a los nuevos escenarios sobre los que estamos caminando. Sabemos que cambiar es incómodo, pero la única manera de gestionar nuestro futuro es enfrentando los miedos y las luchas. ¡Nada está más alejado de la realidad que creer que alterar algunos aspectos que tenías previstos es un signo de debilidad o fracaso!

Ponte en acción a pesar de las dudas. Nada te impedirá ser creativo tanto como el miedo a cometer errores. A veces, la única manera de explorar nuevos horizontes, desarrollar tu creatividad al máximo y encontrar tu lugar en el mundo proviene justamente de una buena capacidad de reacción, gestión de emociones y acciones que te ayuden a mantener el curso.

¿Pensabas casarte a los veintiocho años, ya tienes treinta y ocho y todavía no ha ocurrido? ¡Sigue navegando!

¿Hubo reducción de personal en la empresa donde trabajas y justo te tocó quedar sin trabajo? ¡No es el final de nada, podría ser el inicio de todo! ¡Sigue navegando!

¿Abriste un negocio, y tu estudio de mercado no ha tomado en cuenta algunas variables y tuviste que cerrar? Aprende de eso, sé flexible. ¡Sigue navegando!

¿Cambiaste de carrera universitaria y empezaste otra, te genera un peso de culpa y sientes que la anterior fue una pérdida de tiempo? Es comprensible pensar eso, ¡pero no es así!

Ser flexible no es sinónimo de resignación. No puedes ser tan rígido contigo mismo, tienes que ser flexible. Confía en el proceso. Todo será para bien. ¡Sigue navegando!

PAOLO Y KAREN LACOTA

14
IMAGINEXT
(TU PRÓXIMA IMAGINACIÓN)

Imaginación...

sus límites son solo los de la propia mente.

- Rod Serling -

Probablemente alguna vez escuchaste acerca de la consola de juegos Atari, o tal vez fuiste uno de los afortunados de contar con una de ellas. Entre sus opciones de videojuegos, ¿quién no escuchó, vio o jugó *Pac-Man*? Era un videojuego que entretenía y sorprendía tanto a grandes como a chicos durante la década de los 80, cuando las innovaciones de tecnología empezaban a emerger.

Cuenta la historia que la idea original de *Pac-Man* nace en una cena entre amigos. Aquella noche, Toru Iwatani —diseñador de Namco, una empresa japonesa de software en el campo de los videojuegos— tomó la primera porción de pizza y se quedó observando por un par de segundos la forma que quedaba en la pizza: se fijó que era un círculo al que le faltaba una porción, que a la vez parecía ser una figura con una boca abierta.

Ese momento fue un disparador de creatividad en Iwatani, un instante de absoluta inspiración que lo llevó a iniciar un proceso creativo que terminaría siendo el videojuego más famoso de todos los tiempos. En su tierra natal se llamó *Paku Paku*, que en japonés significa «abrir y cerrar de boca».

De la inspiración a la acción

Luego de un año y medio de arduo trabajo, Iwatani junto a su equipo terminó de desarrollar el videojuego: el protagonista era *Pac-Man*, el círculo amarillo al que le faltaba un pedazo y que por ello parecía tener una boca. *Pac-Man* aparecía en un laberinto y su desafío era comer puntos pequeños, sin dejarse atrapar por fantasmas que recorrían el laberinto. El juego se ponía más complejo a medida que se avanzaba de niveles, con puntos mayores y premios en forma de frutas y otros elementos.

Piensa por un momento: todo esto surgió en un momento totalmente inesperado, en una cena con amigos comiendo pizzas. Aparentemente fue algo fortuito, pero cuando nuestro cerebro está inmerso en procesos creativos, cualquier cosa puede resultar como disparador para ideas geniales.

Así como en el caso de Toru Iwatani, la inspiración puede llegar en cualquier momento cuando nos adentramos en procesos creativos. Ed Catmull (CEO de Pixar) dijo que «La creatividad no es una idea, es un proceso», así que más que depender de simples momentos de inspiración podemos ser intencionales y adentrarnos en este proceso.

Ideas para estimular procesos creativos

Te compartimos algunas ideas prácticas que te ayudarán a estimular y desarrollar procesos creativos:

> **Leer e investigar.** Leer no solo nos ayuda a ejercitar nuestras neuronas sino que también estimula nuestra imaginación y nos ayuda a pensar y repensar nuevos escenarios. Puede ser que en una palabra, una frase o una página se encuentre el detonante de tu próxima gran idea o la llave a una nueva etapa en tu vida.

> **Tomar apuntes.** Para algunos es vital la toma de apuntes en el proceso de generar nuevas ideas. Anotar tus ideas es

importante porque con el correr del tiempo se te olvidan; además, no todas las ideas son aplicables para un contexto inmediato y algunas de ellas pueden ser muy útiles para más adelante, pero si no tomas nota las perderás.

Buen descanso y horas de sueño. Es muy importante descansar. Los procesos creativos los disfrutamos más cuando mantenemos un buen descanso y horas suficientes de sueño. Cuando nos adentramos a un proyecto creativo siempre es bueno hacer una pausa y descansar, ya que esto ayuda a reorganizar las ideas. Además, cuando dormimos el cerebro genera adenosina, químico que limpia el cerebro y lo deja libre y preparado para aprender nuevas cosas (también induce al sueño y tiene un efecto relajante natural).

Un dato importante es que el café, el té negro, verde y el mate disminuyen el sueño y bloquean el receptor de adenosina, por eso es necesario regular su consumo para que no interfiera con nuestra adenosina y podamos dormir bien.

Buena música. Este punto es cuestión de gustos. Bandas sonoras y nuevos estilos musicales a los que no estamos acostumbrados nos ayudarán no solo a disfrutar el tiempo de trabajo, sino que también dinamizarán nuestros pensamientos.

Ejercitarse y jugar. Hacer ejercicios revitaliza, oxigena el cerebro y nos energiza para seguir con nuestras labores. Jugar y buscar un poco de entretenimiento también nos ayuda a pensar desde perspectivas diferentes.

El juego es detonante para el cerebro ya que activa varios neurotransmisores: elementos como el factor sorpresa y el movimiento constante son atractivos para el cerebro porque todo lo que es cambiante lo estimula, y cuando algo se vuelve muy monótono el cerebro tiende a desconectarse. Por lo tanto, introducir el juego o alguna actividad lúdica es vital, y más en entornos donde buscamos desarrollar creatividad y aprendizaje ya que detonan una importante segregación de dopamina, serotonina, endorfinas y norepinefrina, que son generadas en entornos de aprendizajes.

Desconectarse para conectarse. Aunque parece un juego de palabras, es vital para brindar espacio a la creatividad. Salir a correr, caminar en un parque o sencillamente salir al patio de la casa a disfrutar un café sin tener el teléfono móvil o la computadora consigo puede ser el momento de descanso e inspiración exacto que necesitamos. Hay pequeños lugares que nos conectan y dan sentido a la vida.

Ser consistentes. La consistencia es una de tantas virtudes pasadas por alto que pueden marcar una gran diferencia en nuestras vidas. Constantemente estamos iniciando algo nuevo o abandonando lo que hemos comenzado, por lo que ser consistente se trata de la cualidad de lo que es estable y que no se esfuma fácilmente. Ser consistentes, creativos, repensar los proyectos y continuar en tiempos de incertidumbre nos permitirá mantener activos los procesos que hemos iniciado.

Ser consistentes, con el correr del tiempo, nos ayuda a corregir y alcanzar mayores niveles de excelencia y mejora continua.

Así que prepárate para tu *ImagiNext*, prepárate para tu próxima imaginación y considera siempre beneficiar a los demás con tu idea y agregar valor a sus vidas. Mantente inmerso en procesos creativos, porque nunca sabes qué puede suceder después de dar un mordisco a una porción de pizza.

PAOLO Y KAREN LACOTA

15
LO NUEVO NECESITA AMIGOS

Los locos abren los caminos que más

tarde recorren los sabios.

- Carlo Dossi -

C. S. Lewis es el escritor cristiano más leído del siglo XX y J. R. R. Tolkien es el creador de mitos más querido. Durante tres décadas, ellos y sus asociados más cercanos formaron un club literario conocido como *Los Inklings*, que se reunía todas las semanas en las salas de Lewis en Oxford y en pubs cercanos.

En este cenáculo discutían literatura, religión e ideas; leían entre ellos en voz alta lo que cada uno estaba escribiendo, y debatían y eran críticos literarios uno del otro. De esta manera, se daban observaciones mutuamente en el proceso creativo de ir desarrollando sus ideas.

Los Inklings, además de ser un grupo de escritores, eran cristianos en una época en la que no se veía este estilo de vida entre los literatos, aunque coincidieron con el último avivamiento de cultura cristiana en Inglaterra, quizás ligado a las Guerras Mundiales.

Como lo mencionamos, dos de estos Inklings fueron C. S. Lewis y J. R. R. Tolkien, quienes además de ser grandes autores fueron grandes amigos. A través de sus obras —como *Las crónicas de Narnia* y *El Señor de los Anillos*, entre otras— han alcanzado a millones de personas. Lewis, además, ya era famoso antes de Narnia como converso y autor de libros de apologética cristiana que no dejan de reeditarse.

Los Inklings tenían un gran sentido de pertenencia, y a la par de debatir sobre literatura y filosofía lograban generar un espacio de camaradería donde se sentían libres para soñar, imaginar y reír.

Este grupo de cristianos con tendencia a escribir vivía noches inolvidables y momentos memorables que, aun sin saberlo, serían parte de la historia. Fue allí donde tanto Lewis como Tolkien hicieron las primeras lecturas de sus famosas obras.

Existe una publicación de referencia sobre ello, la primera tentativa de biografía colectiva en relación con el fenómeno: *Los Inklings*, de Humphrey Carpenter. Sus páginas informan que, durante años, cada jueves por la tarde un reducido número de catedráticos y profesores de Oxford —así como algunos de sus amigos no vinculados a la universidad— se congregaban en el pub *The Eagle and Child* (ellos lo llamaron «The Bird and Baby»), y menciona que aquellas reuniones «alcanzaron notoriedad y ejercieron una gran influencia tanto en el mundo de la literatura fantástica como en el de la apologética cristiana».

LOGRABAN GENERAR UN ESPACIO DE CAMARADERÍA DONDE SE SENTÍAN LIBRES PARA SOÑAR, IMAGINAR Y REÍR.

Al calor de un buen fuego, las tertulias de *Los Inklings* —llenas de ideas chispeantes e ingeniosas— se prolongaban hasta bien entrada la noche.

Todos necesitamos pertenecer a un grupo como el de *Los Inklings*, y todos necesitamos tener amigos que desafían, mentores que sostienen y ambientes que reconfortan.

Amigos que desafían

¿Quién no ha degustado el sabor amargo de la exclusión? ¿Quién no lo ha experimentado? Cuando armaban los equipos de fútbol en el colegio, cuando conformaban los grupos de tareas, cuando elegían bandos en los juegos, cuando te privaban de información necesaria para tu gestión en el trabajo, ya sea por envidia o lisa y llanamente porque no le caíste bien a alguien, etc.

La exclusión asesta golpes duros. Incluso te excluyen porque tuviste el coraje de emprender cosas que otros no se animaron, o por hacer lo que Dios te llamó a hacer; muchos se levantan en contra porque no lo «comparten» o porque simplemente no se perdonan a sí mismos que ellos no hayan tenido esa idea que tú sí tuviste.

Es en el momento de la exclusión cuando decides obedecer a Dios y desobedecer al qué dirán, es aquí donde decides regirte solo por lo que Dios y las personas que realmente te aman dicen. En este punto es donde tienes que ser certero en tus decisiones y recordar que Dios siempre mira el corazón. Si tus motivaciones e intenciones son las correctas, entonces debes continuar.

TODOS NECESITAMOS TENER AMIGOS QUE DESAFÍAN, MENTORES QUE SOSTIENEN Y AMBIENTES QUE RECONFORTAN.

Puede que en algún tramo aferrarte a tu llamado pueda traerte soledad como única compañera de la travesía; la exclusión es simplemente parte del proceso. Puede que te sientas incomprendido, pero si guardas tu corazón y sigues el consejo de Dios, él te dará grandes amigos en todo el mundo, conocerás gente que no habías imaginado conocer, irás a lugares a los que ni habías soñado ir y vivirás experiencias con Dios que jamás hubieses osado pensar.

Dicha dinámica la vivieron algunos de los héroes de la fe en las Escrituras: fueron olvidados y hasta excluidos, pero a su tiempo Dios los levantó para marcar la historia, cuando nadie se lo esperaba. Por eso, ocúpate de tener un corazón saludable y de ser una mejor persona para que, cuando hayas pasado ese tramo, estés listo para bendecir sin excepciones a todos, incluyendo a aquellos que te han dejado de lado en su momento.

Trabaja en tu vida espiritual y emocional para que puedas ser un amigo saludable, de esos que desafían, y rodéate de personas en quienes puedas encontrar inspiración.

Mentores que sostienen

Es mucho más difícil mantener el rumbo correcto sin personas que nos ayuden y aconsejen. En el mundo que se avecina será vital generar más círculos de diálogos y discusión donde contemos con el aporte de personas que modelen e inspiren en cómo viven su fe en la vida cotidiana.

Debes sumar a tu vida la experiencia, habilidades y conocimientos de otras personas, ya que sus aportes serán invaluables y enriquecerán cada etapa de tu transitar.

Debemos encontrar estos espacios de diálogo donde podamos ser nosotros mismos sin temor, mostrarnos vulnerables, auténticos, honestos, menos filtrados y más reales. Sin lugar a duda, si a estas alturas de tu vida cuentas con personas que puedan mentorearte y ayudarte has descubierto un verdadero tesoro, y si tú lo eres para algunos estás realmente dejando una huella no solo en la vida de una persona sino en generaciones enteras.

Todo en la vida depende de cómo encaramos nuestras relaciones y amistades, las personas con quienes elegimos comunicarnos de manera franca y tener conversaciones sin filtros. Ser mentor y dejarse mentorear es un compromiso de ambos lados, tanto del que brindará su tiempo para mentorear como el compromiso del que será mentoreado de saber escuchar y dejarse ayudar; de esto dependerá que la comunicación fluya y sea memorable con el tiempo.

Anne Morrow Lindbergh decía: «La buena comunicación es tan estimulante como el café negro, e igual de difícil de olvidar al dormir». Todos necesitamos de ese tipo de conversaciones, de esas charlas que nos dejan pensando y nos abren nuevos horizontes aun en panoramas que veíamos oscuros.

Para graficar mejor el concepto me gustaría compartirte estas líneas de las reseñas de un crítico culinario:

La vida de un crítico es sencilla en muchos aspectos: arriesgamos poco y tenemos poder sobre aquellos que ofrecen su trabajo y su servicio a nuestro juicio.

Prosperamos con las críticas negativas, divertidas de escribir y de leer, pero la triste verdad que debemos afrontar es que, en el gran orden de las cosas, cualquier basura tiene más significado que lo que deja ver nuestra crítica. Pero en ocasiones el crítico sí se arriesga cada vez que descubre y defiende algo nuevo. El mundo suele ser cruel con el nuevo talento; las nuevas creaciones, lo nuevo, necesitan amigos.

Anoche experimenté algo nuevo; una extraordinaria cena de una fuente singular e inesperada. Decir solo que la comida y su creador han desafiado mis prejuicios sobre la buena cocina, subestimaría la realidad; me han tocado en lo más profundo.

En el pasado jamás oculté mi desdén por el famoso lema del chef Gusteau: «Cualquiera puede cocinar». Pero al fin me doy cuenta de lo que quiso decir en realidad; no cualquiera puede convertirse en un gran artista, pero un gran artista puede provenir de cualquier lado. Es difícil imaginar un origen más humilde que el del genio que ahora cocina en el restaurante Gusteau's y quien, en opinión de este crítico, es nada menos que el mejor chef de Francia. ¡Pronto volveré a Gusteau's hambriento!

Anton Ego
Crítico culinario

(De la película «Ratatouille»)

Ambientes que reconfortan

Los ambientes en los que nos movemos e interactuamos también son una fuente de influencia en nuestras vidas: así como se da en el caso de las amistades, también hay ambientes tóxicos y ambientes que te inspiran. Los ambientes nos condicionan de alguna manera, pero nosotros también podemos condicionarlos.

¿Qué convierte una casa en un hogar? ¿Qué convierte la oficina en un lugar reconfortante? Lógicamente tiene que ver con nosotros, con nuestras actitudes, nuestras decisiones y acciones;

nuestra empatía, nuestras conversaciones y las iniciativas que tengamos para hacer más llevaderas nuestras relaciones interpersonales con quienes nos rodean son claves, además de nuestra manera de gestionar nuestras emociones y manejar las tensiones cotidianas.

Alguna vez leímos una frase que decía: «La familia tiene sus problemas, pero solo tenemos una», y nos parece muy oportuna, ya que si entendemos la profundidad de amar y aceptarnos en familia como somos, hemos hecho un gran avance en cuanto a la convivencia. Con este punto de partida podemos generar ambientes de paz, creatividad, innovación y aprendizaje, ambientes restauradores donde nos reconforte estar y donde nuestros seres queridos realmente se sientan amados y atendidos por nosotros.

PODEMOS GENERAR AMBIENTES DE PAZ, CREATIVIDAD, INNOVACIÓN Y APRENDIZAJE.

Los Inklings tenían una mesa redonda, un buen té inglés, una chimenea y un ambiente de camaradería que los impulsaba a seguir creando, a seguir creciendo y a seguir conectados a la fuente de su propósito. Lo nuevo no moría allí, al contrario, encontraba aliados. Los integrantes no se sentían excluidos, sino incluidos en una pequeña y extraordinaria comunidad.

PAOLO Y KAREN LACOTA

16
NO TE OLVIDARÉ NI CUANDO CUMPLA CIEN AÑOS

Es cuando hacemos las cosas juntos que surge la amistad:

pintar, navegar barcos, orar, filosofar, luchar hombro con hombro.

Los amigos miran en la misma dirección.

- C. S. Lewis -

Imagínate lo que es estar inmóvil y que debido a esa pérdida de movimiento no puedas hacer prácticamente nada por ti mismo. El libro de Marcos, en el capítulo 2, narra la historia de un hombre paralítico y su encuentro con Jesús; este hombre llevaba toda una vida confinado a una camilla de menos de un metro ochenta de largo, dado que su enfermedad era incurable para la medicina de aquel entonces.

Era alguien que dependía de los demás para su alimentación, para su aseo, hasta para subsistir. Probablemente mendigaba, no tenía familia ni trabajo y aparentemente tampoco tenía un futuro prometedor, pero como John Ortberg lo describe en su libro *Todos somos normales hasta que nos conocen*, ¿qué tenía este paralítico a su favor?

Tenía amigos. Unos amigos asombrosos. Pertenecía a uno de los grupos pequeños más fabulosos de todos los tiempos. En cierto, sentido, toda esta historia se produjo gracias a sus amigos: sin ellos, nunca habría llegado hasta Jesús, nunca habría sanado, nunca habría sido perdonado. Todas estas cosas eran consecuencia de algunas decisiones muy sabias que había hecho años antes… para tener unos amigos maravillosos.

El paralítico pudo haber pasado toda su vida en esa condición, pero hubo algo que marcó la diferencia en su vida: el escoger amigos con la suficiente osadía de cargarlo y romper un techo por él para acercarlo a Jesús.

Rememoremos la escena descripta por Marcos:

> *Días más tarde, Jesús regresó a Capernaúm. La noticia de que estaba en casa se esparció rápidamente. Y pronto la gente llenó tanto la casa que no quedó sitio para nadie más ni siquiera frente a la puerta. Y él predicaba la palabra.*

EL PARALÍTICO NO PODÍA CAMINAR, PERO SE RODEÓ DE GENTE QUE SÍ PODÍA.

> *Entonces llegaron cuatro hombres llevando a un paralítico. Como no pudieron pasar entre la multitud para llegar a Jesús, subieron a la azotea, hicieron una abertura en el techo, exactamente encima de donde estaba Jesús, y entre los cuatro bajaron la camilla en la que yacía el paralítico.*
>
> *Cuando Jesús vio la fe de ellos, le dijo al paralítico:*
>
> *—Hijo, tus pecados quedan perdonados.*
>
> *[…] —A ti te digo, levántate, recoge la camilla y vete. (Marcos 2:1-5,11)*

El paralítico no podía caminar, pero se rodeó de gente que sí podía.

Si te cuesta orar, rodéate de gente que ora; si te cuesta romper techos, rodéate de amigos que sí lo hagan; si te cuesta emprender, rodéate de gente emprendedora. Sea lo que fuera que no puedas hacer, puedes juntarte con personas que sí lo hacen y que serán una buena influencia para tu vida.

PAOLO Y KAREN LACOTA

Los buenos amigos son así: pueden parecer locos, ser incomprendidos, tener numerosos defectos y hasta parecer irracionales, pero son capaces de parar todo en sus vidas para ayudarte a salir de la situación en la que te encuentras. Te retan, desafían y se enfadan contigo cuando saben que estás haciendo algo que te hará mal; sí, así son los amigos grandiosos, los que cuando fallaste o caíste no salen a divulgar el hecho ni se alegran, y no te encubren, pero sí te cubren. Tratan de que la información no se filtre para que puedas restaurarte y seguir tu camino. Te abrazan y son pacientes contigo.

Amigos que no se olvidan

La Universidad de Harvard ha llevado a cabo el mayor estudio sobre la felicidad realizado hasta el momento —con el seguimiento de 724 personas durante setenta y cinco años— según el cual solo hay un factor que de forma consistente explica por qué algunas personas son más felices que otras: la calidad de sus relaciones. Y en el estudio se demuestra, además, cómo las relaciones influyen en la longevidad.

Nuestras amistades y relaciones interpersonales más cercanas activan neurotransmisores y el cerebro produce químicos como los que genera la felicidad: serotonina —relacionada al bienestar, la satisfacción y la tranquilidad—, también dopamina —asociada a la creatividad, la celebración y al sentido de realización—, y además segrega hormonas que ayudan a controlar la ansiedad, el estrés y el humor.

Todo esto nos recuerda otra historia: hace casi un siglo el escritor británico Alan Alexander Milne creó la historia de *Winnie the Pooh*, basada en la experiencia de su hijo Christopher Robin y sus peluches. Esta creación le dio fama, fortuna y el privilegio de dar felicidad a millones de personas.

Christopher Robin imaginaba que jugaba en el Bosque de los Cien Acres junto a sus amigos Winnie the Pooh, Tigger, Piglet, Igor, Conejo, Cangu, Búho y Rito, siempre rescatándolos de problemas y defendiéndolos de los efelantes y las wartas (seres imaginarios que supuestamente atacaban a los amigos de Christopher).

En una de las escenas de la película que lleva el nombre *Christopher Robin: un reencuentro inolvidable*, Christopher y Winnie the Pooh están sentados sobre un tronco seco, el lugar favorito que tenían para conversar y pasar tiempo juntos. En su despedida de la infancia, el niño promete a su querido oso de peluche que no lo olvidaría ni cuando cumpliera cien años.

Con el correr del tiempo, Christopher ha crecido, ha perdido el rumbo y se ha olvidado del niño que lleva dentro. No es feliz. Los reveses de la vida, las responsabilidades, el trabajo y los estudios hacen mella en su vida.

Es en este punto del relato de la película que sus amigos de la infancia —los peluches— se adentran en su mundo y ayudan a Christopher Robin a recordar al niño que aún tiene dentro. Esta misión de sus amigos logra que la pesada rutina del día a día se altere, le devuelve la alegría y le recuerda lo que realmente es importante en la vida. Además, logra que aquel niño sensible despierte al valorar las palabras de su mejor amigo: «Tu vida está pasando ahora, justo frente a ti», y así Christopher retoma su camino de regreso al mágico Bosque de los Cien Acres y en el proceso convence a todos de que sigue siendo el mismo niño capaz de derrotar efelantes y wartas.

LOS VERDADEROS AMIGOS SON AQUELLOS QUE NOS AYUDAN A RECORDAR REALMENTE QUIÉNES SOMOS

Esta es una historia de ficción que nos deja una clara enseñanza: que los verdaderos amigos son aquellos que nos ayudan a recordar realmente quiénes somos.

En el mundo frenético en el que vivimos, los buenos amigos son muy necesarios. Debería ser una de nuestras metas de vida ser personas empáticas que dediquemos tiempo para compartir intencionalmente con otros, ser de esos amigos que oyen para escuchar, no para responder.

PAOLO Y KAREN LACOTA

Así fueron los cuatro amigos del paralítico: observaron, prestaron atención, escucharon la necesidad de un amigo que permanecía inmóvil, rompieron un techo por él y fueron parte del sueño cumplido de que pudiese caminar.

Necesitamos recuperar el coraje de ser amigos que cuidemos a aquellos que nos consideran sus amigos. Esas son las amistades que no se olvidan ni aunque se cumplan cien años.

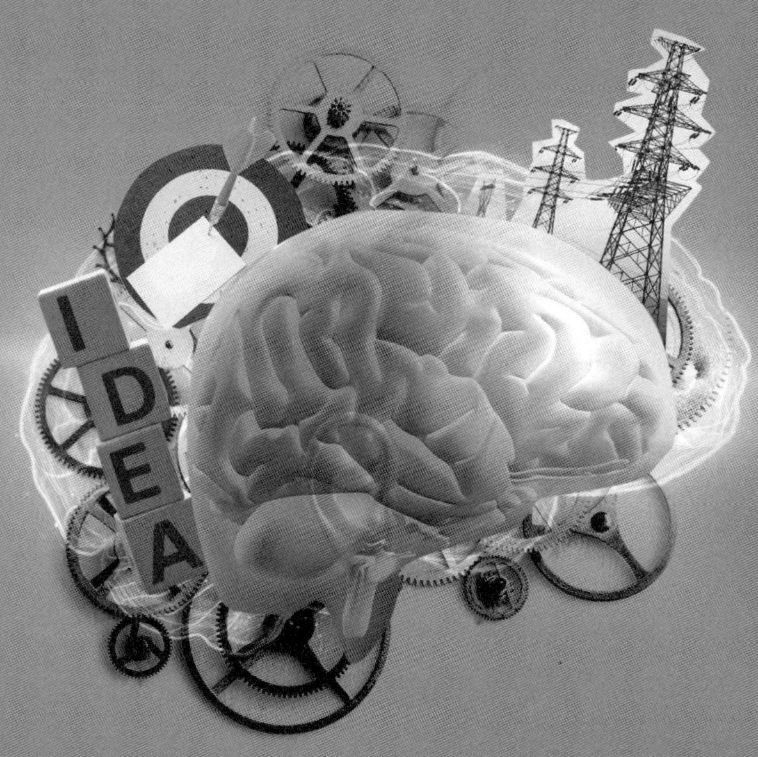

HABILIDADES E INTELIGENCIAS

17
CAVA TU POZO

No hay situaciones sin esperanza; solamente

hay personas que sienten desesperanza en cuanto a ellas.

- Clare Booth Luce -

Nos encantaría contar con un contexto ideal antes de lanzarnos a un desafío: si vamos a navegar queremos vientos a favor y un clima propicio, y no grandes olas ni tormentas que amenacen a nuestra embarcación; si vamos a cultivar esperamos que las lluvias se presenten y que la tierra sea lo suficientemente fértil para que nuestra semilla germine, sin embargo, pensaríamos dos veces antes de trabajar si nos vaticinan temporadas de prolongada sequía. Pese a esto, vemos varios ejemplos en la Biblia sobre personas que fueron desafiadas en su fe a trabajar y a moverse aun en contextos desfavorables. Analicemos una de esas historias, la del profeta Eliseo, en 2 Reyes 3:15-17:

> *Y mientras el músico tocaba el arpa, le llegó el mensaje del Señor a Eliseo.*
>
> *—El Señor dice que abran muchas zanjas en este valle seco, pues, aunque no verán viento ni lluvia, este valle se llenará de agua, y tendrán suficiente para ustedes y para los animales.*

¿Trabajar para cavar pozos y hacer estanques, aunque no haya ni un indicio de que lloverá? Resulta una tarea ardua, no solo para el físico sino para el espíritu.

Estamos convencidos de que cuando Dios nos llama para una tarea no siempre sentimos que es «el momento ideal». Puede que en nuestro entorno veamos sequía o crisis, sin embargo, él

"

nos manda a cavar pozos (o en el caso de Noé, a construir un arca gigante sin una gota de lluvia).

Nuestra fe es puesta a prueba palada a palada, con inicios pequeños. Más que un estado mental positivo pero quieto, Dios busca un curso de acción obediente a pesar de las dudas.

La fe es sinónimo de trabajo, es cavar pozos en medio de la sequía y creer que Dios llenará de agua el valle.

La mejor parte de los que preparan sus estanques anticipando el cumplimiento de la promesa es que, cuando esta se concreta, no solo bendice al que creyó, sino que todo su entorno se ve beneficiado: «…este valle se llenará de agua, y tendrán suficiente para ustedes y para los animales».

Empieza hoy, palada por palada, a hacer esos pozos que cobijarán el agua fresca y las bendiciones de Dios. Aunque te tilden de loco o loca, aunque no escuches ni truenos ni sople el viento, lo que vendrá será grande y solo podrá ser disfrutado por aquellos que creyeron, accionaron y prepararon su estanque en fe.

Inteligencia contextual

Oswald, el conejo afortunado fue uno de los primeros personajes de dibujos animados de Disney, creado por el propio Walt y Ub Iwerks para una serie de cortometrajes de animación distribuida por Universal Studios en los años 1927 y 1928, producida por Charles Mintz.

La oportunidad surge cuando Universal se pone en contacto con ellos pidiéndoles la creación de un personaje que pudiera convertirse en el ícono de la compañía. Walt e Iwerks deciden aprovechar la oportunidad para realizar un dibujo totalmente innovador, y así es como crearon un conejo en blanco y negro, que se caracterizaba principalmente por sus pantalones y sus grandes y curiosas orejas y ejercía de maquinista en un tren asediado por todo tipo de inconvenientes.

En aquel momento los cortos de animación eran un simple entretenimiento que precedía a la proyección de las grandes películas, pero el éxito inmediato del personaje lo convirtió en la estrella principal.

En 1928 el contrato de Oswald estaba terminándose y Walt viajó desde Los Ángeles hasta Nueva York para replantear las negociaciones. Ante el éxito de la serie, Walt planteó un aumento en el presupuesto, pero Universal no solo rechazó dicho planteamiento, sino que exigió a Walt una reducción de costos; esto fue un punto de inflexión durísimo dentro de la negociación, por lo que no hubo acuerdo ni flexibilidad de ambas partes. Al no contar Walt con los derechos de su dibujo, lo perdió.

Para empeorar el panorama, Walt no solo perdió a Oswald en esta negociación, sino que también perdió a todos los animadores que se formaron con él a lo largo de sus carreras artísticas: todo su equipo se quedó a trabajar en Universal, a excepción de Ub Iwerks.

LA FE ES SINÓNIMO DE TRABAJO, ES CAVAR POZOS EN MEDIO DE LA SEQUÍA Y CREER QUE DIOS LLENARÁ DE AGUA EL VALLE.

Esto fue un golpe inesperado y devastador para Walt, y parecía un callejón sin salida; sin embargo, Walt no era del tipo de personas que se detenían ante los obstáculos, así que en vez de ver esto como el final, lo tomó como un capítulo de su experiencia. Acto seguido, antes de subir al tren que lo llevaría de regreso a casa, escribió un telegrama a su hermano Roy, diciéndole: «No te preocupes, todo estará bien». Walt creía que pasara lo que pasara sería para mejor.

Walt abordó el tren de regreso y en un tramo del viaje de retorno hizo el primer boceto del ratón Mortimer, al que luego su esposa sugirió llamar *Mickey Mouse*. El resto de la historia tuvo un giro sorprendente: lo que parecía ser una bancarrota inminente se convirtió en un golpe de inspiración que cambiaría sus vidas para siempre.

¿Puedes notarlo? ¡Walt tuvo la habilidad de encontrar una

oportunidad en medio de la desilusión y de lo que algunos tomarían como un rotundo fracaso! Walt tuvo *inteligencia contextual*, que es la capacidad de detectar oportunidades que otros no ven, y encontró un nuevo camino donde otros solo verían un callejón sin salida.

INTELIGENCIA CONTEXTUAL: LA CAPACIDAD DE DETECTAR OPORTUNIDADES QUE OTROS NO VEN.

Y es lo que la inteligencia contextual efectúa: no solo realiza un diagnóstico externo de los acontecimientos, sino que además realiza procesos de adaptación ante nuevos escenarios partiendo de la premisa del conocimiento de las propias limitaciones y activando la capacidad de interpretar las nuevas realidades, llevando a comprender mejor la situación en curso y divisando oportunidades para pensar en diferentes direcciones y tomar mejores decisiones al respecto.

Justamente esta es una capacidad que debemos desarrollar para descubrir oportunidades donde otros solo verían frustración y aflicción.

18
UNA COMBINACIÓN INTELIGENTE

Cada ser humano tiene una combinación única de inteligencia.

Este es el desafío educativo fundamental.

- Howard Gardner -

¿Alguna vez te preguntaste cómo es que existen personas tan talentosas, con grandes logros y satisfacciones a nivel personal, sin que necesariamente hayan sido los mejores de su clase en la escuela o incluso sin haber concluido la universidad? Han alcanzado sueños, ejecutado proyectos personales y/o empresariales, han formado familias estables y se han mantenido activos en sus áreas de interés por mucho tiempo; estas personas evidencian que la brillantez académica no lo es todo. Al parecer, a la hora de hacer frente a la vida no basta con haber tenido grandes méritos en los estudios.

Por supuesto que existen personas que poseen una gran habilidad académica, sin embargo, algunas tienen problemas para mantener relaciones interpersonales saludables o para permanecer mucho tiempo en un puesto de trabajo.

Si observáramos, podríamos reconocer a algunos de nuestros amigos que se mantuvieron en el promedio de las calificaciones o por debajo de ellas en su rendimiento escolar, que hoy son exitosos en el plano personal, en su relacionamiento interpersonal e intrapersonal, en su vida laboral o en otros aspectos.

¿Cuál es nuestro punto? Te lo ejemplificamos: triunfar en los negocios o en los deportes requiere ser inteligentes, pero en cada una de esas áreas se utilizan distintos tipos de inteligencia; no mejor ni peor que otros, pero sí distintos. Dicho de otro modo, Steve Jobs no era ni más ni menos inteligente que Michael Jordan,

PAOLO Y KAREN LACOTA

simplemente sus inteligencias pertenecen a campos diferentes.

Inteligencias múltiples

El doctor y neuropsicólogo Howard Gardner, quien propuso la teoría de inteligencias múltiples, afirma que todos los seres humanos nacemos dotados —en grados diferentes— de *potencialidad*.

¿Qué significa la *potencialidad*? Que hay múltiples maneras de percibir el mundo, de conocer, procesar, representar y comunicar la información, ya sea con imágenes, palabras, números, con el cuerpo en movimiento, con el ritmo y la música, en sintonía con uno mismo y con los demás, y hasta con la naturaleza.

Anteriormente se definía si una persona era inteligente (o no) de acuerdo con su coeficiente intelectual que solo medía dos tipos de inteligencias. No obstante, Gardner rompió el paradigma —en base a sus investigaciones en el campo de la neurociencia— afirmando que somos inteligentes de diferentes maneras, y así es como plantea la existencia de ocho tipos de inteligencias que nos permiten aprender más, desenvolvernos mejor en la vida y ser mucho más creativos:

• **La inteligencia lingüística:** es ser hábil con las palabras, es la capacidad de expresar con mayor facilidad lo que se piensa y siente a través de las palabras. Las personas que tienen esta inteligencia de manera preponderante aman comunicarse, leer, escribir, contar historias, y también tienen facilidad para expresarse de forma oral y escrita.

• **La inteligencia lógico-matemática:** es ser hábil con los números o la lógica, es la capacidad que permite de manera natural a las personas utilizar el cálculo, los números, resolver problemas insertos en crucigramas o problemas lógicos como el tangram, el ajedrez y los juegos de damas. Estas personas piensan por razonamiento y aman comparar, clasificar, relacionar cantidades, utilizar el razonamiento analógico, cuestionar, experimentar y resolver problemas lógicos y más complejos.

• **La inteligencia visual-espacial:** es ser hábil con las imágenes. Los inteligentes espaciales se expresan a partir de imágenes, cuadros e ilustraciones y aman diseñar, dibujar, visualizar, garabatear; son especialistas en localizar lugares, comparar, observar, relatar, combinar. Aquí se sitúan los pintores, escultores, pilotos, arquitectos, ingenieros, los *Picassos*, los escritores de ciencia ficción, los exploradores y los geógrafos.

• **La inteligencia corporal y kinestésica:** es ser hábil con el cuerpo. Los inteligentes kinestésico-corporales piensan a través del cuerpo, tienen una gran capacidad para expresarse por medio del cuerpo y también poseen una gran habilidad con la motricidad fina. Aman bailar, correr, saltar, construir, tocar, armar y gesticular, y puede verse con facilidad su destreza, coordinación, flexibilidad, velocidad y todas aquellas capacidades relacionadas con las habilidades táctiles. Aquí encontramos a actores, deportistas, bailarines, cirujanos, artesanos, etc.

• **La inteligencia musical:** es ser hábil con la música, es la capacidad para percibir y expresarse a través de las diferentes formas musicales. Aquellas personas que aprenden con facilidad y utilizan el tono, el timbre y el ritmo de una melodía demuestran tener esta capacidad. Personas con esta inteligencia perciben, piensan, crean y sienten a partir de ritmos y melodías; aman cantar, silbar, moverse al ritmo de alguna melodía y escuchar música. Esta inteligencia es la de los cantantes, compositores, arreglistas, músicos y directores de orquesta.

• **La inteligencia intrapersonal:** es ser hábil consigo mismo, es la habilidad de comprenderse y conocerse a uno mismo, de conocer las limitaciones y fortalezas propias y tener autoconfianza. También incluye una gran capacidad autorreflexiva y autocrítica: si inviertes tiempo reflexionando en tus acciones, tu forma de pensar y tus sentimientos quizás poseas una gran capacidad introspectiva.

• **La inteligencia interpersonal:** es ser hábil con los demás. Son personas que piensan relacionándose con los demás; es nuestra habilidad de vincularnos y establecer contacto con las personas, entenderlas y poder trabajar con ellas, de cooperar en grupos y en equipos, de sentir empatía, de interactuar con los demás. Aman liderar, organizar, mediar y participar, y muestran interés por participar en actividades grupales y enseñar a otros. Les agrada el trabajo colaborativo, solucionar conflictos interpersonales y ayudar a mediar. Aquí están los docentes, consejeros, pastores, políticos y los vendedores.

• **La inteligencia naturalista:** es la capacidad de respetar, cuidar y amar la naturaleza. Este tipo de inteligencia tiene una sensibilidad para identificar formas naturales y también las características geológicas de la tierra, así que, si te apasionan las causas como salvar el planeta, los delfines, los árboles… ¡estás en este grupo!

Por supuesto, todos tenemos las ocho inteligencias, en mayor o menor grado, y estas colaboran entre sí para que podamos aprender mejor y resolver problemas. Por ejemplo, una bailarina necesita la inteligencia kinestésica corporal bien desarrollada, pero también necesita de la inteligencia musical para interpretar el ritmo; necesita de la inteligencia espacial para comprender el espacio en el que se desenvuelve y, si debe lidiar con la frustración de un mal paso, necesita de su inteligencia intrapersonal y también de la interpersonal para evitar pelear con sus compañeras.

De ahí se desprende que, si conocemos cuáles son nuestras inteligencias o capacidades predominantes y nos involucramos en proyectos que respondan a esos tipos de inteligencias predominantes, ¡seremos más efectivos y eficaces! Pero este escenario solo se dará con un autoconocimiento profundo, realista e intencional respecto a nuestras capacidades (de ahí la importancia de realizar procesos reflexivos y analíticos de nosotros mismos). ¡Del mismo modo, también podemos ayudar a quienes lideramos!

Ejemplos históricos

Veamos en la Biblia cómo Dios dotó de diferentes capacidades a muchos hombres que, dependiendo de la misión o asignación divina, desarrollaron sus capacidades dentro de sus contextos y sus propias necesidades:

«Los niños crecieron. Esaú se hizo hábil cazador y le gustaba el campo, mientras que Jacob era muy tranquilo y prefería quedarse en la casa», narra Génesis 25:27. De esto podemos deducir que Esaú tenía habilidades kinestésicas y de lógica matemática, a diferencia de Jacob, que tenía otro tipo de inteligencia predominante.

Los que se unieron a David fueron hombres con diferentes habilidades y destrezas, la variedad que necesitaba dentro de su ejército: «De Isacar había doscientos dirigentes de la tribu con sus parientes; todos ellos eran hombres que entendían el desarrollo de la historia y podían discernir respecto al mejor rumbo que Israel debía tomar», relata 1 Crónicas 12:32. El siguiente versículo dice: «De la tribu de Zabulón había cincuenta mil guerreros adiestrados; estaban completamente armados, y en su totalidad eran leales a David».

PAOLO Y KAREN LACOTA

Éxodo 35:30-35 (DHH), registra que Moisés les dijo a los israelitas que el Señor les escogió por las siguientes razones:

> *Miren, de la tribu de Judá el Señor ha escogido a Besalel, que es hijo de Urí y nieto de Hur, y lo ha llenado del espíritu de Dios, y de sabiduría, entendimiento, conocimientos y capacidad creativa para hacer diseños y trabajos en oro, plata y bronce para tallar y montar piedras preciosas, y para tallar madera y hacer cualquier trabajo artístico de diseño. También le ha dado capacidad para enseñar. A él y a Oholiab, hijo de Ahisamac, que es de la tribu de Dan, los ha llenado de capacidad artística para hacer cualquier trabajo de tallado y de diseño, y de bordado en tela morada, tela de púrpura, tela roja y lino fino, y para tejer cualquier labor de diseño artístico.*

¿Lo ves? Dios nos dotó de diferentes inteligencias, en mayor o menor grado. Por eso insistimos en esto: debes conocer cuáles son tus inteligencias predominantes. No olvides que aprendes mejor y de manera significativa a partir de ellas.

Somos mucho más efectivos si nos enfocamos en aquellas actividades que responden a nuestras habilidades preponderantes, con las que somos mucho más ágiles al momento de realizar una actividad, de crear un producto o resolver un problema.

19
TRABAJO COLABORATIVO

Hay partes de un barco que si estuvieran separadas se hundirían.

El motor se hundiría. La hélice se hundiría.

Pero cuando las partes de un barco se unen, flotan.

- Ralph W. Sockman -

Nacido el 24 de junio de 1893 en Chicago, Roy era uno de cinco hermanos. Trabajó en una granja en sus inicios, fue a la marina y también por varios años fue banquero. Muchos nunca escucharon hablar de él, pero sí conocen a su famoso hermano. ¿Sabes por qué? Porque él prefería evitar la exposición y la publicidad, era de los que trabajaban tras bambalinas y lograba que los proyectos tuviesen viabilidad financiera para concretarse.

Su apellido era Disney. ¿Ahora te resulta familiar? Mientras Walt, su hermano menor, se encargaba de la parte creativa de los Estudios Disney, Roy se ocupaba del aspecto financiero del negocio. Ambos eran socios igualitarios en todos los aspectos de la compañía.

Roy creía en el sueño de su hermano, desde sus películas hasta la osadía de construir el mejor parque temático jamás realizado: Disneyland. Atravesaron juntos temporadas difíciles y otras espectaculares. Roy era el compañero de Walt —como Minnie lo era para Mickey—, era su cable a tierra; era con quien Walt peleaba por la diferencia en sus opiniones, pero a quien respetaba y amaba incondicionalmente. Roy era el hombre que se aseguró de que los sueños de Walt se convirtieran en realidad.

Walt dijo esto sobre su hermano públicamente:

Mi hermano y yo hemos estado juntos en nuestro negocio

por 42 años. Es mi hermano mayor y él es al cual, cuando era pequeño, solía ir a ver con algunas de mis ideas locas y él podía ponerme en el camino correcto… o si no coincidía conmigo yo debía trabajar en eso por años hasta conseguir que estuviese de acuerdo conmigo. Pero debo decir que tuvimos nuestros problemas en ese sentido, pero ese fue el balance correcto que se necesitaba en nuestra organización. Él se encarga del aspecto financiero y del lado corporativo.

Esta dupla logró grandes hazañas en la industria del entretenimiento e innovó de maneras nunca antes experimentadas; no siempre estuvieron de acuerdo durante el proceso de trabajo, pero esa dinámica hacía que se genere el «balance correcto» para emprender.

Stephen R. Covey tenía un gran mensaje en ese sentido: «Unidad no significa igualdad. Es más, la unidad se fortalece con la diversidad, siempre y cuando haya unidad de propósito», y los hermanos Disney fueron una fiel muestra de esto hasta el final de sus días. Roy visitó a su hermano Walt en el hospital el día previo a su fallecimiento, y al respecto dijo: «Lo visité en el hospital la noche antes de morir. Aunque estaba desesperadamente enfermo, también estaba tan lleno de planes para el futuro como lo había estado toda su vida».

¿CÓMO RESUELVES PROBLEMAS A TRAVÉS DE TUS TALENTOS? ¿CÓMO TU VIDA BENEFICIA A OTRAS PERSONAS?

El último deseo de Walt para Roy fue que lograra implementar el proyecto del parque temático en Florida, aquel que Walt ya había imaginado y bosquejado. En octubre de 1971, el *Walt Disney World* abrió sus puertas y Roy pudo decir: «Promesa cumplida». Luego se retiró, y dos meses más tarde falleció.

Eran dos hermanos totalmente diferentes, con talentos distintos, pero con unidad de propósito. Es así como funcionan todos los emprendimientos: con trabajo colaborativo, con sinergia, sumando a otros para que aporten su perspectiva y su habilidad en el proceso.

Tu propuesta de valor

Aquí nos gustaría profundizar en un concepto que hará que las personas quieran sumarte a su equipo de trabajo, lo que hará que quieran tenerte en sus empresas y ambientes laborales. De antemano te pedimos que prepares una hoja y un lápiz porque vamos a crear tu propuesta de valor.

Empecemos con estas preguntas:

- ¿Cómo resuelves problemas a través de tus talentos?
- ¿Cómo tu vida beneficia a otras personas?
- ¿Qué tienes para ofrecer al mundo?

Allí reside tu propuesta de valor: es lo que te hace diferente, es tu aporte solidario, es lo que extrañarán de ti cuando no estés y lo que impulsará a otros a incorporarte a sus proyectos. Nuestra propuesta de valor es lo que nos permite conquistar mercados, ganar contratos, generar amistades, cautivar con nuestros mensajes y ser necesarios.

Alex Osterwalder propone un ejercicio muy interesante que se llama *Lienzo de propuesta de valor*. El lienzo tiene dos partes: por un lado, lo que nosotros ofrecemos, y por el otro, lo que las personas necesitan. Si bien este ejercicio fue pensado para el aspecto empresarial, nos gustaría que pienses en tu vida en general y en tu interacción con las personas.

En cuanto al perfil de las personas, hay tres aspectos a considerar:

- *Las alegrías:* son los resultados que quieren conseguir las personas o los beneficios que buscan. Es lo que esperan, desean o se sorprenderían de encontrar.
- *Los dolores:* incluye las emociones negativas y los riesgos u obstáculos que enfrentan cuando realizan tareas.
- *Las tareas:* es el trabajo que tratan de completar para resolver algo en su vida personal o laboral.

Considerando estas tres partes (la alegría, las frustraciones y las tareas de los demás) nuestra propuesta de valor debe contener lo siguiente:

• *Creadores de alegrías:* nuestra vida debe generar valor, beneficios y ganancias a las personas. Todos poseemos características que pueden traer dicha a los demás: les ahorramos tiempo y dinero, les quitamos una sonrisa, valorizamos sus ideas, mejoramos sus eventos, etc. Fíjate bien qué buscan las personas y piensa cómo vas a generarle esos resultados.

• *Aliviadores de dolores:* nuestra propuesta de valor debe reducir las frustraciones y dolores de los demás. Con nuestra vida podemos ayudar a sanar, a resolver problemas, a destrabar nudos y a solucionar molestias.

• *Producto o servicio:* ¿qué ofreces? ¿Cuáles son tus habilidades? Necesitas definir cada uno de los aspectos que ofreces para aliviar las molestias o frustraciones de las personas y generarles beneficios. ¿Redactas bien? ¿Diseñas bien? ¿Te destacas en las finanzas? ¿Eres bueno componiendo? ¿Planificas como ninguno?

Ahora te invitamos a que uses tu hoja de papel en blanco y escribas cuáles son las alegrías, los dolores y las tareas de al menos tres personas que te rodean; luego, define cómo puedes convertirte en creador de alegría, aliviador de dolor y qué producto o servicio puedes ofrecerles para ayudarles en sus tareas. Créenos, empezarás a ver una gran diferencia en cómo te consideran.

La próxima vez que pienses en qué hacer para formar parte de grandes proyectos y sueños, piensa en cuál es tu propuesta de valor: ¿qué tienes para ofrecer con tu sello personal? Puede que no seas el Walt del equipo, pero puedes convertirte en el Roy, y todos sabemos que el legado de Walt no hubiese llegado lejos sin Roy.

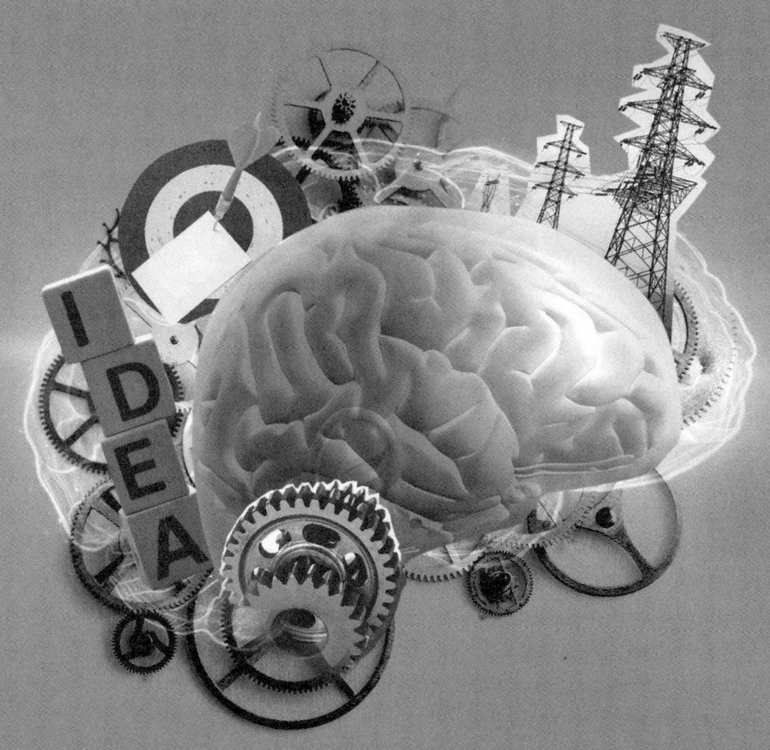

LA MARCA PERSONAL

20
UN RETRATO IMBORRABLE

Tu marca personal no la construyes. Tu marca personal eres tú.

Solo tienes que aprender a gestionarla.

- Marta Graño -

Mucho se habla de la marca personal (*personal branding* en inglés), que es un concepto conocido para el mundo del marketing y las redes sociales. ¿A qué se refiere? Es la huella que dejamos en los demás, es cómo nos perciben, nos conocen y nos recuerdan. Si bien el término es muy amplio, la construcción de una marca personal responde a nuestros principios y valores y lo que hacemos para potenciarla y amplificarla.

Cada cosa que hacemos comunica algo: ya sea una actitud, una decisión o una acción, estas trasmiten y comunican un mensaje. Aunque no podemos tener el control absoluto de cómo nos perciben los demás, sí podemos ser intencionales en canalizar el mensaje y diferenciarnos por brindar ayuda y valor a los demás.

Vivimos en un contexto que cambia todo el tiempo. El mundo de hoy ya no es el mismo que el de un par de años atrás, ya que hoy tenemos una dinámica de vida totalmente distinta a la que teníamos una década atrás. Miremos más de cerca tan solo el ámbito laboral: la gente ya no solo sale a buscar trabajo sino que con los cambios que han devenido también algunos tienen que crear su trabajo. En los próximos años surgirán nuevas profesiones y modalidades de trabajo, y las carreras universitarias que estudiarán nuestros niños todavía no existen, pero serán creadas en medio de esta vertiginosa dinámica de vida.

En ese sentido, tenemos que permanecer competentes: esa competencia no es con otros, sino con nosotros mismos. De

PAOLO Y KAREN LACOTA

hecho, ya no se elige gente solo por lo que hace, sino por cómo lo hace. El especialista en marketing Seth Godin nos ilustra el concepto con estas palabras: «Tú no eres tu currículum, eres tu trabajo».

A Andy Stalman, experto en *branding*, le preguntaron en una entrevista cómo será el *branding* del futuro (referente al proceso de hacer y construir una marca), a lo que él respondió:

> *No se puede descubrir un mundo nuevo usando mapas viejos, y en esta era digital la mayoría de las conversaciones hablan del futuro pero usando fórmulas anteriores, con lo cual no hay más que ir a las escuelas de negocios para ver que siguen usando el método del caso, que tiene cien años de antigüedad.*
>
> *Si estamos adentrándonos en un territorio desconocido e incierto necesitamos mapas nuevos. La marca más importante que tendríamos que desarrollar hoy es la marca ser humano. La gente no necesita más datos, sino una nueva visión del mundo.*

Esa última pregunta la hago mucho en mis conferencias: si ahora nos dicen que Google cierra, ¿cómo reaccionaríamos? ¿Nos preocuparíamos, nos sería indiferente o lo celebraríamos? Seguramente, lo primero.

El rol de la marca tiene que ver con esa reacción, es una pregunta muy pertinente. Tu marca, ¿contribuye a mejorar la vida de las personas? ¿Simplifica su vida? ¿La hace más cómoda? La única manera de sustentar tu discurso es con las acciones. La gente se identifica con las marcas que actúan (un poco de esto ya lo introdujimos en el apartado de *propuesta de valor*, eso forma parte de tu marca personal).

Miriam Andrés, periodista y consultora de marketing digital, nos describe la marca personal de una forma incluso más específica: «Puede que el branding no sea poesía, pero tiene alma, porque es lo que te mueve, lo que piensas, en lo que crees. Eres todo tú».

Si comparásemos al *branding* con un viaje, antes de partir debes preparar a conciencia tu mochila con tus objetos más personales y con objetos cargados de significado que te ayudarán en el camino y de los que nunca te desprenderás, y estos son la visión, la misión, los valores, los atributos y la personalidad de tu marca, lo que eres y en lo que crees. Una vez que lo tienes todo preparado llega el momento de dar el primer paso, un paso que nace de la motivación y de lo que vas a ofrecer a los demás.

Servicio

Como ya lo hablamos en capítulos anteriores, es vital que puedas identificar el propósito de tu vida y hacer aterrizar los sueños y hacerlos tangibles (es un arte que tenemos que concretar). Ahora bien, más allá de querer proyectar una identidad, lo que debería motivarnos es servir a los demás; nuestra misión de vida debe llevarnos a aportar algo valioso, auténtico y útil a los demás.

YA NO SE ELIGE GENTE SOLO POR LO QUE HACE, SINO POR CÓMO LO HACE.

Cada día debemos levantarnos enfocados en que nuestras acciones, movimientos y gestiones beneficien a otras personas. No debemos dejar esto al azar, necesitamos mucha intención, y por eso definir en qué vas a servir es esencial para determinar cuál es tu mensaje, tu plan de acción y tus metas a alcanzar.

Autenticidad

No es suficiente solo servir sino hacerlo auténticamente, deben conocerte por ser alguien genuino y único.

Fuimos creados únicos con misiones únicas. Ser tú mismo es tu mayor activo: Dios quiere bendecir tu yo real, su bendición se encuentra en tu singularidad, en no perder tu esencia pase lo que pase.

Las personas influyentes protegen su originalidad, crean un estilo propio en lo que hacen, en su oficio, en cómo hablan, en cómo escriben, en cómo se relacionan y hasta en cómo desarrollan proyectos. Natalia Gómez, escritora y conferencista, menciona: «La base para construir una marca personal es hacer cosas memorables, no salir bien en la foto». Continúa diciendo: «No hay fronteras. Es posible salirse de los guiones de siempre y crear guiones nuevos y creativos, seas hombre o mujer».

Necesitamos desarrollar nuestra creatividad y perder el temor a arriesgarnos a salir de las líneas.

Coherencia

La marca personal siempre debe ser coherente, ya que si algo se convierte en distintivo en estos tiempos es la coherencia entre lo que hacemos y decimos. Tiene que haber armonía en nuestra manera de vivir, de lo contrario pronto la gente se dará cuenta de que no hay consonancia entre ambas cosas y esto generará descreimiento.

No podemos apuntar a ser perfectos pero sí coherentes, es lo que cualquiera pediría a un buen amigo, y es lo menos que podríamos ofrecer a un amigo que valoramos. Si se destaca alguna cualidad en nosotros que sea real, que fluya naturalmente, no como algo forzado.

La única manera de sustentar nuestro mensaje es con acciones. La gente se identifica con las marcas que actúan, que saben su identidad y que tienen una propuesta de valor solidaria.

Consistencia

Hay marcas y huellas que dejamos en los demás que solo pueden conseguirse a través de la consistencia en el tiempo. Llevar adelante una misión toda la vida es la confirmación de la intencionalidad y la firmeza, y más que empezar algo nuevo todo el tiempo busca continuar algo hasta que logre su propósito.

A la larga, la claridad de nuestra misión, la coherencia y la consistencia de nuestro relato personal son lo que nos darán credibilidad y resultados tangibles y nos permitirán poner foco en lo que podemos mejorar, para ser aun más asertivos en lo que queremos lograr en nuestras vidas y en las de los demás.

Excelencia

Excelencia no es tener los mejores recursos, sino más bien hacer lo mejor que puedes con lo que tienes a mano. Si vamos al génesis de cualquier éxito, siempre nos remontaremos a las pequeñas oportunidades bien aprovechadas.

El ex jugador de baloncesto y entrenador de la NBA, Pat Riley, decía: «La excelencia es el resultado gradual de la búsqueda constante de hacer las cosas mejor», por eso debes invertir tiempo y disciplina para mejorar progresivamente en esas dos o tres cosas que haces bien. Por diminutas que sean las tareas o asignaciones, debes ejecutarlas con excelencia.

Empieza hoy y empieza por ti mismo, que todo lo que hagas sea estupendo; aunque vivamos en una cultura que en muchos aspectos se acostumbró a la mediocridad, tienes que diferenciarte con tu marca personal. Estás aquí para crear el futuro en el que quieres vivir, y esto te desafiará a ser parte activa del cambio.

Alguien dijo alguna vez: «Tenemos que hacer las cosas tan bien que el mundo tome nota». A la larga, lo único que dará soporte a tu historia a través del tiempo es la excelencia, y a través de ella dejarás un retrato imborrable en la mente y en los corazones de los demás.

PAOLO Y KAREN LACOTA

21
UN PORTAL HACIA EL MAÑANA

No siga donde puede guiar la senda, en cambio,

vaya adonde no hay un sendero y deje una pista.

- Autor desconocido -

¿Te suena la marca *Levi's*? Hay una interesante historia detrás de ella. Levi Strauss era un inmigrante alemán llegado a los Estados Unidos que, después de dedicarse a la venta ambulante en Nueva York, decidió mudarse a San Francisco e invertir sus pocos ahorros en comprar tela de loneta marrón.

Su idea era aprovechar la fiebre del oro durante 1850 y usar la loneta de muy alta resistencia para que los mineros pudieran hacerse tiendas de campaña, pero su idea no tuvo la receptividad esperada. Esos trabajadores de minas eran personas rudas y toscas a las que no les importaba dormir al aire libre; sin embargo, Levi se percató de que los mineros tenían problemas con los pantalones ya que el duro trabajo los exponía a condiciones de mucha fricción, y esa ropa les duraba poco. Entonces tuvo una idea inteligente: llevó a un sastre la loneta que había separado para el proyecto de las tiendas de campaña y le pidió convertirlas en pantalones.

El diseño de dichos pantalones los contemplaba holgados para que fueran cómodos de usar y con parches de refuerzo en las partes que esos hombres exponían más a la fricción en su labor. Una vez que los pantalones estuvieron listos los promocionó entre los mineros como un atuendo único por su resistencia y comodidad; pronto, esos pantalones se convertirían en los más fuertes que los trabajadores hubieran usado. A esta tela le agregó refuerzos con remaches que después serían el rasgo característico de las prendas de *Levi's*.

Levi Strauss irrumpió en San Francisco con una buena idea, estaba convencido de que esas tiendas de campaña suplirían una necesidad y de que abriría un mercado sin límites, pero cuando la realidad frenó su intento sacó a relucir su cualidad disruptiva y cambió de estrategia. Rápidamente creó posibles escenarios en su mente hasta que encontró una salida.

La disrupción

Así es la persona *disruptiva*, aquella que tiene la capacidad de enfrentar la incertidumbre, la que tiene las agallas de buscar incansablemente soluciones aun en medio del desconcierto; son aquellas que enfrentan el caos y la incomodidad planteando nuevos horizontes.

Mario Borghino lo explica en estas palabras: «Disrupción significa alterar las reglas del juego del mercado, hacer algo que no existía anteriormente, tomar por sorpresa al mercado, darle al consumidor algo que nunca se había imaginado».

LOS DISRUPTIVOS DESARROLLAN CONSTANTEMENTE SU CAPACIDAD PARA EXPLORAR, INTERRUMPIR Y MODIFICAR.

Otra cualidad de los disruptivos es que poseen la habilidad de crear nuevas ideas y plantear soluciones a posibles escenarios, tienen el coraje para asumir riesgos, nunca pierden la curiosidad ni la capacidad de asombro y aprendizaje, desarrollan constantemente su capacidad para explorar, interrumpir y modificar —aunque lo tengan que hacer bruscamente— y no les faltan las agallas para desafiar el *statu quo* y liderar el cambio.

El empresario inglés Richard Branson, conocido por su marca *Virgin* —con más de 360 empresas que forman *Virgin Group*—, asegura que se considera a sí mismo como un talento disruptivo; según él, si fuese empleado no podría hacer las cosas tal cual se las pide su jefe, pero a la vez es consciente de que se trata de una pieza fundamental: «De todas maneras, mi jefe tendría que ser amable conmigo, cuidarme, respetarme, porque si no, yo podría crear mi propio negocio, y mi compañía quizás termine compitiendo con la suya», dijo una vez en *BBC Noticias*.

En algunos ámbitos se piensa erróneamente que las personas disruptivas son bohemias y desorganizadas, pero por el contrario son las personas más organizadas, productivas y disciplinadas que puedas imaginarte; además, los disruptivos no tienen problemas de irrumpir bruscamente la rutina y alterar totalmente la dinámica de vida de una empresa, una comunidad o simplemente el ambiente en el cual se desenvuelven.

En las Escrituras encontramos algunos personajes cuyos pensamientos disruptivos los llevaron a hacer cosas excepcionales con desenlaces extraordinarios: los amigos que abrieron el techo para que Jesús sanara a su amigo paralítico, Zaqueo subiendo al árbol para ver a Jesús, el ciego Bartimeo interrumpiendo el camino de Jesús, la mujer que quebró el frasco de alabastro para ungir a Jesús y el leproso rompiendo lo establecido para decirle a Jesús «Señor, si quieres, puedes sanarme». ¡Y qué mejor ejemplo que el del mismísimo Jesús, quien irrumpiendo en la historia alteró totalmente el rumbo de nuestras vidas! Así como en los casos mencionados más arriba, creemos que cuando un disruptivo explota su potencial a favor de otros y lo hace bien, está dibujando una sonrisa en el rostro de Dios.

Así que irrumpe, explora, modifica, cambia, altera; busca respuestas, busca soluciones. Desafía lo establecido, reinvéntate, crea nuevos futuros. Sé disruptivo. Abre un portal hacia el mañana.

22
UN SUEÑO RECURRENTE

No pude esperar al éxito, así que avancé sin él.

- Jonathan Winters -

¿Te acuestas y te despiertas pensando en una idea? ¿Sientes impulso al imaginar tu futuro? ¿Tienes un mensaje que muchos necesitan escuchar o proyectos que pueden transformar realidades? ¿Tienes un sueño que se repite y te inquieta?

Todos tenemos ideas brillantes, el problema es que muchos se quedan pensando y añorando, esperando un escenario ideal para actuar o sintiéndose incapaces de ejecutarla. La bisagra que logrará dar vuelta la puerta es saber dar los pasos para activar la concreción de esas ideas, tener un marco de referencia. A continuación, te presentaremos uno que puedes utilizar, y para que sea fácil de recordarlo haremos un acróstico con la palabra IDEAS:

Imagina

Dedícate

Especialízate

Acciona

Sirve

Imagina

Pregúntate: *¿Qué deseo?*

Cuando Dios creó a Adán le dio la responsabilidad de gobernar y administrar la tierra y señorear sobre los peces del mar, las aves del cielo y las bestias del campo. Ahora bien, junto con la gran labor, Adán desarrolló una gran capacidad creativa; del mismo modo, cuando Dios te da a ti una tarea te capacita para realizarla.

¿Cuál era la tarea de Adán? Cuidar el jardín y ponerle nombre a los animales. Era un trabajo que requería mucha responsabilidad, esmero, atención y, por supuesto, echar a volar la imaginación y desarrollar procesos creativos para darle un nombre a cada animal.

A veces creemos que imaginar es algo sencillo y fácil, pero cuando se trata de diseñar en tu mente lo que quieres lograr en la vida, va mucho más allá que solo dejar volar tus pensamientos. Es así como los grandes artistas comienzan a imaginar una obra de arte totalmente acabada con cada detalle visualizado, aun en un lienzo blanco.

LA MENTE ES COMO UN PARACAÍDAS: NO SIRVE DE NADA SI NO SE ABRE. ¡PONLA EN MARCHA!

Tienes la capacidad de proyectar, diseñar y establecer: ¡usa esto para imaginar! Recuerda que la mente es como un paracaídas: no sirve de nada si no se abre. ¡Ponla en marcha!

El ya mencionado Howard Schultz, CEO de la cafetería *Starbucks*, provino de un origen de muy escasos recursos, pero a pesar de eso utilizó la tierra fértil de su imaginación para cultivar la idea de la empresa que fundó.

«Partiendo de mi experiencia personal» —decía él— «diría que cuanto menos inspirador sea tu origen, tanto más probable es que utilices tu imaginación e inventes mundos en donde todo parece posible». Howard no buscó excusas y usó un recurso gratuito que luego le traería muchas satisfacciones: su imaginación. Él observó a las parejas de enamorados que paseaban a su alrededor, las estudió y descubrió que los románticos tratan de crear un mundo nuevo y mejor partiendo de la vida cotidiana; esa también es la meta de *Starbucks*.

Al respecto, Howard afirma: «Tratamos de crear en nuestras

tiendas un oasis, un lugar en el vecindario donde puedes tomar un descanso, escuchar música jazz o considerar cuestiones universales, personales o aun ocurrentes al degustar una taza de café».

Para imaginar y proyectarte no tienes que tener el escenario ideal: Howard usó el único recurso que tenía para luego emprender viaje a lo que hasta hoy cambió el rumbo de su vida totalmente.

¿Cuáles son los obstáculos que no te permiten visualizar un mejor horizonte? ¿Cuáles son las trabas que impiden que puedas concebir el propósito de Dios para tu vida? Lógicamente, acompañan este proceso el temor y la duda respecto a los resultados. Las emociones podrían jugarnos una mala pasada si no reaccionamos inteligentemente a los momentos que estamos atravesando, y aquí es justamente donde muchos abandonan aun antes de haberlo intentado.

> **LAS EMOCIONES PODRÍAN JUGARNOS UNA MALA PASADA SI NO REACCIONAMOS INTELIGENTEMENTE A LOS MOMENTOS QUE ESTAMOS ATRAVESANDO.**

Preguntas como: ¿qué pasaría si las cosas no salen como espero?, ¿qué pasaría si no me acompaña nadie en el emprendimiento? y ¿qué pasaría si pierdo dinero o no consigo apoyo? seguro invadirán tu mente a la hora de iniciar procesos creativos. Recuerda las palabras de Steve Jobs: «Los pensamientos creativos son como barcos surcando en la oscuridad, pero al ir avanzando, también van atravesando la noche y empiezan a divisar su destino».

Dedícate

Pregúntate: *¿Cuánto lo deseo?*

Cuando decides dedicarte a algo se exige un compromiso apasionado por entenderlo plenamente, por conocerlo a profundidad, y esto requiere que lo mastiquemos, digiramos, y no solo que lo traguemos sin pensar. Algunos fracasan porque no se han tomado el tiempo necesario para dedicarse a investigar e indagar sobre los futuros proyectos que quieren emprender.

Existen varios caminos que pueden guiarnos a concretar nuestras ideas, por eso es vital que puedas averiguar todas las opciones posibles y descubrir las disponibles. Esta expedición al descubrimiento de los detalles y engranajes que pondrán en marcha la maquinaria de tu futuro requiere trabajo, esfuerzo, disciplina y persistencia; es algo que demanda que le dediques tiempo y, aun cuando haya pasado un largo período, que sigas recolectando datos y ajustando elementos complementarios.

Así que manos a la obra: recauda toda la información posible para ganar claridad respecto al proceso que estás viviendo y para identificar en qué etapa te encuentras, evalúa todas las variables y considera los pasos a dar y los tiempos para hacerlo en el momento correcto; sé concreto a la hora de fijar tus objetivos y ordena tus prioridades, revisa tus metas, y si no las tienes, desarróllalas.

> **¿QUÉ NECESITAS SABER Y SER CAPAZ DE HACER? ESCRÍBELO CON TODO DETALLE.**

Trazar un plan es fundamental para encaminarnos hacia la concreción de esos proyectos que tenemos en mente realizar. Decidir al azar cuestiones vitales como la carrera que quieres seguir o diversificar, ampliar o transformar tu negocio o el trabajo donde colaborarás nunca ha sido una buena idea, ya que esto requiere que lo hagas con seriedad y compromiso.

Frederik G. Harmon lo plasmaba de la siguiente manera: «Toma una libreta y escribe la aspiración más alta que puedas imaginar; por ejemplo, si hubiese un premio Nobel en tu especialidad, podría ser eso. Imagina que tienes que desempeñar ese papel mañana».

¿Qué necesitas saber y ser capaz de hacer? Escríbelo con todo detalle, dividiéndolo en secciones y proyecta un plan para lograr cinco cosas claves en los próximos seis meses.

Cuando hablamos de ser personas dedicadas y de planificar nuestras vidas, tenemos que entender que no siempre todo funcionará a la perfección y que por el camino nos daremos cuenta de que algunas metas propuestas no las lograremos.

Considera esta perspectiva: podría ocurrir que te propusiste pasar con la mejor nota uno de tus principales exámenes. En el proceso te dedicaste, apartaste tiempo, estudiaste, te abstuviste de muchas actividades para enfocarte en ganar ese examen, pero finalmente cuando llega el día de la prueba no alcanzas el puntaje máximo. Podríamos pensar que no llegaste a la meta, pero detrás de ese aparente fracaso hay otros logros que alcanzaste, como ser una persona más perseverante, disciplinada y con más experiencia para seguir avanzando hacia logros mayores.

> **LO MÁS IMPORTANTE DE LAS METAS NO ES SOLO LO QUE OBTIENES AL ALCANZARLAS, SINO EN QUIÉN VAS CONVIRTIÉNDOTE AL TRABAJAR EN ELLAS.**

Lo más importante de las metas no es solo lo que obtienes al alcanzarlas, sino en quién vas convirtiéndote al trabajar en ellas. Recuerda que la vida es como un rompecabezas, donde cada meta alcanzada representa una pieza que nos hace sentir más completos.

Conversa constantemente con alguna persona para un monitoreo y evaluación de tus movimientos en relación con tus metas, ponte plazos (a corto, mediano y largo plazo) y toma un calendario para asignar fechas de vencimiento para cada objetivo y tiempo de desarrollo de cada una. También marca una fecha para evaluar los resultados y los factores que no te permitieron cumplir con lo propuesto, para luego replantear la estrategia y volver a intentarlo.

PAOLO Y KAREN LACOTA

Especialízate

Pregúntate: *¿Cómo puedo lograrlo?*

Una vez que hayas recopilado toda la información acerca de tus próximos proyectos es el momento de trabajar con la mayor objetividad posible; ahora ya no es momento de dejarse llevar por la imaginación solamente, sino que ya puedes definir tus siguientes pasos sobre la base de información confiable.

Justamente esta es la clave de establecer metas: no solo fijártelas sino empezar a trabajar en ellas. Tus primeros pasos de echar a volar tu imaginación y de dedicarle tiempo a una exploración al núcleo de tus aspiraciones tienen que desembocar en definir concretamente en qué vas a especializarte y empezar a prepararte en ello.

No trates de hacerlo todo, enfócate en perfeccionar aquello que mejor haces. Tu sueño es como tu huella digital, es tu marca personal.

La mejor manera de ir desarrollándote en aquello en lo que has decidido especializarte es ir haciendo cosas pequeñas pero bien hechas, y poner lo mejor de tu esfuerzo, atención y esmero en aquellas tareas que te toque hacer.

> **NO TRATES DE HACERLO TODO, ENFÓCATE EN PERFECCIONAR AQUELLO QUE MEJOR HACES.**

Siempre es bueno evitar los atajos y dar saltos a cosas más grandes hasta que no hayas comprobado que lo pequeño que hoy haces lo ejecutas bien; seguir el proceso requerido durante la ejecución de los proyectos es fundamental porque permite realizar una evaluación constante y hacer los ajustes pertinentes, lo cual evitará que surjan variables que podrían generar grandes problemas y poner en riesgo tu trabajo. Dios nos ha llamado a realizar tareas únicas, por eso es que debemos orientar bien nuestras fuerzas y especializarnos en ellas.

Aquí te dejamos algunas sugerencias que te ayudarán a

especializarte:

1. Invierte en tu propio desarrollo personal.
2. Consigue materiales literarios, videos, audios y todo aquello que te motive e instruya acorde a tu campo de interés profesional y/o personal.
3. Investiga acerca de personas que se alistaron en tu misma carrera o proyectos y las exigencias que ellos afrontaron.
4. Considera las orientaciones vocacionales y las opiniones de otros.
5. Asiste a seminarios y conferencias que contribuyan a tu progreso personal y profesional.

Acciona

Pregúntate: *¿Qué puedo hacer para lograrlo?*

En el día a día y en el proceso de materializar nuestros objetivos, las distracciones, el desánimo y la ansiedad por falta de resultados estarán a la orden del día. Seguramente vivirás etapas donde parecerá que solo estás dejando pasar el tiempo, y sentirás que no eres más que un simple espectador de cómo las ideas y proyectos de otros sí van concretándose.

> **SI TODO LO ESCRITO EN ESTAS LÍNEAS NO CONDUCE A UN FINAL DE ACCIÓN, SERÍA MUY PARECIDO A LAS PELÍCULAS: SIN ACCIÓN SE TORNAN ABURRIDAS**

¿Cómo traducir tus pensamientos en acción? Si todo lo escrito en estas líneas no conduce a un final de acción, sería muy parecido a las películas: sin acción se tornan aburridas. Así que, después de que hayas orado, imaginado, indagado, presupuestado y creado infinidad de ideas, entonces entra en acción. Sin importar qué tan lejos te encuentres ahora de lo que estás anhelando, una acción puede cambiar drásticamente las reglas de juego.

Sirve

Pregúntate: *¿A quién puedo beneficiar con lo que quiero hacer?*

Algo de esto ya lo hablamos en el capítulo dedicado a tu marca personal, pero nos gustaría reforzarlo. Cualquiera sea tu emprendimiento o proyecto, siempre tiene que incluir en la ecuación servir y ayudar a los demás; el verdadero significado de una propuesta de valor siempre tiene que ver con ayudar a salir adelante a las personas, y no solo porque de ahí se desprende el verdadero sentido de realización, felicidad y propósito, sino porque además una idea que ayuda a otros es una idea divina.

Ora por otros, llámalos y pregúntales cómo están, demuestra tu interés por ellos y piensa en maneras de agregar valor a sus vidas. Si quieres generar nuevos espacios y productos que responden a las necesidades de otros, puedes ocuparte en averiguar cuáles son sus intereses y conocer sus propias realidades, de tal manera que puedas proponerles soluciones reales, prácticas y efectivas a sus problemas, o simplemente para generarles bienestar, ¡así que manos a la obra, llegó el momento de la acción!

Cuando te despiertes pensando en un sueño recurrente, ya sabes qué hacer: estás a la puerta de ideas que te desarrollarán como persona, que harán una diferencia en el mundo y que bendecirán a otros.

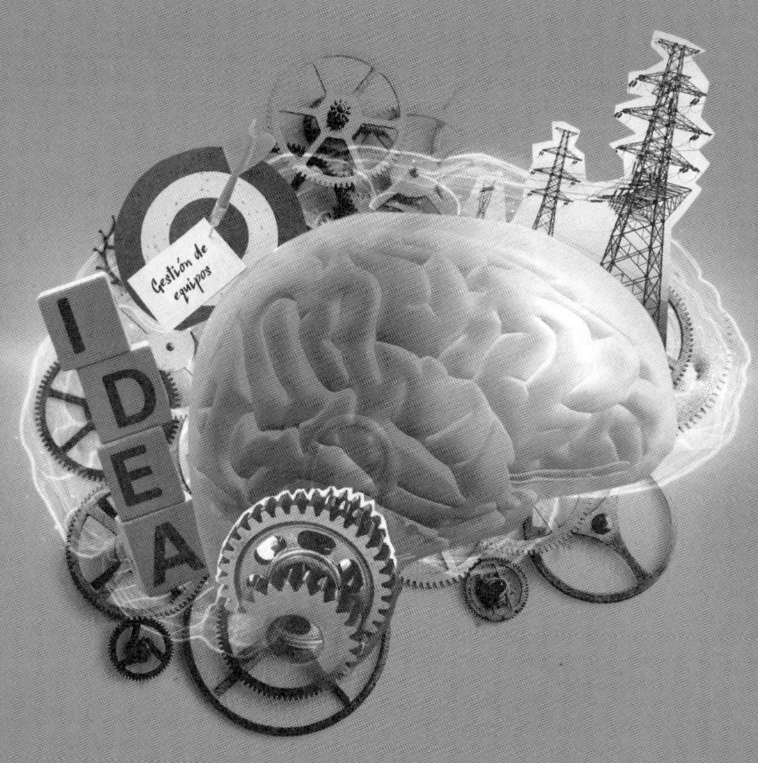

LA RENOVACIÓN

23
UN LUGAR PERDIDO EN EL TIEMPO

A veces lo más urgente y vital que puede hacerse

es tomarse un descanso total.

- Ashleigh Brilliant -

A veces pasamos temporadas tan estresantes y abrumadoras que nos sentimos en un callejón sin salida. El trabajo es apremiante, las cuentas a pagar no esperan y puede que hayamos hecho mucho esfuerzo sin ver resultados. Sumemos a esto aquellos momentos donde las relaciones interpersonales entran en una tensión constante; nos sentimos perdidos en medio de una jungla urbana, atrapados por las agotadoras rutinas del día a día.

Cuando vivimos así, frenéticamente y sin ver destellos de un futuro alentador, dan ganas de hacer lo que hizo Carl Fredricksen. La película *Up: una aventura de altura* nos muestra a Carl amarrando cientos de globos a su casa para ir en busca de las Cataratas Paraíso, «un lugar perdido en el tiempo», de manera tal que pudiese escapar de todo y encontrar la paz que tanto necesitaba.

¿No es tentador escapar así? Lamentablemente, la vida real es diferente. No podemos amarrar globos a nuestra casa e ir en busca de un lugar mejor, pero aquí está la buena noticia: podemos encontrar *nuestro* «lugar perdido en el tiempo», donde nuestra mente y corazón puedan reposar.

La vida tiene sus tensiones y sus giros alocados, pero siempre será una materia el aprender a gestionar los conflictos; esa es una tensión con la que lidiaremos cada tanto, por eso podemos definir y acudir a aquellas cosas que nos hacen bien, que elevan nuestro espíritu, que reducen nuestro estrés y que expanden nuestra esperanza de un mañana mejor.

PAOLO Y KAREN LACOTA

En estos tiempos donde lo superfluo ha invadido nuestras vidas, necesitamos encontrar nuestro tiempo y espacio para que cada tanto hagamos ese viaje a las profundidades de nuestro interior, donde habita lo auténtico de nosotros, para fortalecer nuestra fe y seguir nuestra travesía en medio de este mundo atestado de situaciones complejas.

> **DE TANTO EN TANTO HAGAMOS ESE VIAJE A LAS PROFUNDIDADES DE NUESTRO INTERIOR, DONDE HABITA LO AUTÉNTICO DE NOSOTROS.**

A veces las cosas sencillas de la vida marcan una diferencia excepcional; no estamos hablando de comprar un *ticket* aéreo y viajar a algún lugar exótico del mundo, estamos hablando de cosas sencillas y al alcance de nuestras manos en nuestro ritmo cotidiano, nos referimos a un lugar para descansar y reflexionar, a amigos con quienes compartir, a mentores con quienes conversar y a lugares que te hacen bien.

El recordado Gabriel García Márquez decía: «Y si un día no tienes ganas de hablar con nadie, llámame, estaremos en silencio». Es ese tipo de conversaciones las que detienen el tiempo y que nos confortan a veces hasta sin hablar.

Hay lugares que nos permiten una mirada introspectiva para corregir las motivaciones, afirmar las convicciones y desempañar nuestras emociones, y hay lugares que nos permiten hacer una pausa y renovarnos; hay también pasatiempos que dejamos de disfrutar por nuestra recargada agenda, pero los necesitamos de vuelta porque nos ayudan a mirar adelante y nos recuerdan nuestra esencia.

Ideas prácticas para renovarte

Tener claridad a la hora de tomar decisiones, mantener el enfoque, mejorar la memoria y generar nuevas ideas constantemente exigen del cerebro mucha energía, y cuando nos predisponemos a buscar un momento de pausa para recuperarla, obviamente también la alimentación juega un rol predominante para fortalecer nuestro cerebro y mejorar nuestra productividad.

Nuestra alimentación es vital, ya que de ella se desprenden determinados nutrientes que requiere nuestro cerebro para formar nuevos neurotransmisores que harán que seamos más efectivos en las actividades cotidianas. La pedagoga Marta Romo lo explica de esta forma:

> *Los neurotransmisores son esos mensajeros rápidos de información a lo largo de nuestro organismo. La ausencia de nutrientes provoca que estos ágiles mensajeros se vuelvan lentos y pesados y que puedan fallar en su misión. Por ejemplo: los lácteos, huevos, pescados, sésamo, avena, pavo, garbanzos, pipas de calabaza y algunas frutas como el plátano aportan triptófano, que es una sustancia imprescindible para que se produzca un neurotransmisor denominado serotonina. Como ya sabes, esta es la mensajera encargada de transmitir información a nuestro organismo sobre nuestras emociones, el control de la temperatura, del hambre y del sueño. Así, un déficit de serotonina implica que nos sintamos tristes o incluso depresivos.*

Entonces, a la par de que requerimos de un buen descanso para que nuestro cerebro reponga energía, también es importantísimo acompañarlo con una buena alimentación para incrementar el nivel de norepinefrina y serotonina, mejorar nuestra memoria, fortalecer nuestra agilidad mental, levantar nuestro estado de ánimo y tomar mejores decisiones. Para lograrlo, deberíamos buscar consumir lácteos, pescado, huevo, papa o patatas, arroz, plátano, espárragos, avena, nueces, legumbres y verduras, y carnes blancas como pollo y pato, entre otros.

Una buena alimentación contribuirá a equilibrar nuestras emociones, mejorar nuestra memoria y debilitar la posibilidad de dificultad de memoria, depresión, problemas de atención, estrés,

PAOLO Y KAREN LACOTA

etc. Sumado a esto, te compartimos a continuación algunas ideas que puedes seguir nutriendo:

- Planea conversaciones
- Llama a un amigo/a en quien confías
- Ve a cenar a tu lugar favorito
- Camina con amigos
- Pasea en familia
- Arma tu lista de música favorita y tómate una tarde para disfrutar
- Toma un café mientras lees un buen libro y tomas apuntes
- Organiza una tarde de películas y palomitas de maíz

El objetivo es desconectarte de lo frenético, de las responsabilidades, y conectarte con la fuente de inspiración. También puedes crear un «lugar perdido en el tiempo» solo para ti, puedes tomarte una tarde libre para consentirte, ir a esa cafetería o restaurante que tanto disfrutas y pedir lo que más te gusta del menú. En nuestro caso, a veces todo lo que necesitamos es una banda sonora de fondo, el aroma de café en el ambiente, las páginas de un libro y escuchar el sonido del teclado de nuestro computador al escribir, como estamos haciéndolo ahora.

¿Sientes que ya te hace falta un tiempo así? Descansa, consiéntete, aparta un tiempo sin presiones. Regálate una tarde de paz y tranquilidad, sin reproches ni tareas pendientes. ¡Te lo mereces!

En este punto del libro ya has avanzado más de la mitad. Esperamos ser una buena compañía.

¡Disfruta tu tiempo y pásala bien contigo mismo!

24
SENTARSE A VER LA VIDA PASAR

Confía en el tiempo, que suele dar

dulces salidas a muchas amargas dificultades.

- Cervantes, en «Don Quijote» -

¿A quién no le ha pasado que lo que tanto anhela tarda demasiado en llegar? Pareciera que la vida está jugándonos una broma, y para colmo, en ocasiones hasta podría parecer que a todos les llega una gran oportunidad, menos a nosotros.

Si hablamos en jerga deportiva, es como si te tuviesen en la banca de suplentes y en cada partido llaman a los que están a tu lado, menos a ti. Es ahí donde empiezas a dudar: no sabes si no das la talla o si definitivamente hay algo que estás haciendo mal, te llenas de incertidumbre y de a poco la resignación anida dentro de ti.

Comienzas a abrigar la idea de que te sentarás a ver la vida pasar como un espectador; tus amigos se casan con el amor de sus vidas mientras tú sigues esperando o teniendo intentos fallidos. Te sientas a ver cómo otros terminan sus carreras universitarias, viajan a especializarse y luego vuelven y son promovidos a cargos importantes o se lanzan de lleno a sus propios emprendimientos en los que parecieran tener el viento a favor.

¿Te ha pasado? ¿Te encuentras atravesando un momento así? Queremos que grabes esto en tu mente: no juzgues tu historia muy rápido. En la era de la inmediatez necesitamos desarrollar la mentalidad a largo plazo.

Orar, soñar y trabajar son maneras de sembrar. Cuando siembras nunca sabes cuándo la semilla dará frutos, pero sin importar el tiempo, el avance es inminente más allá de lo que puedas ver. Emprender es sembrar, orar es sembrar, soñar es sembrar, trabajar es sembrar.

PAOLO Y KAREN LACOTA

Como ya lo mencionamos en capítulos anteriores, la vida transcurre como un viaje: siempre hay potencial de imprevistos y variables, desvíos y retrasos, los cuales tienen que estar en tu presupuesto de vida. Por eso, necesitamos entender que el relato de nuestras vidas está entretejido en el tiempo, y aunque ese tiempo pareciera improductivo, lo que ocurre en realidad es que en cada etapa vamos desarrollando algún aspecto que necesitamos madurar para estar mejor preparados y encontrarnos con una nueva oportunidad.

> **EL RELATO DE NUESTRAS VIDAS ESTÁ ENTRETEJIDO EN EL TIEMPO.**

Trascender fronteras y generaciones

Hay algunas cuestiones imprescindibles que no debemos olvidar para seguir planificando a largo plazo:

- *Ser flexibles a los cambios:* debes estar en constante innovación y aprendizaje, y tener en cuenta que algunos cambios son necesarios y solo llegan con el correr del tiempo.

- *Considerar la consistencia narrativa:* recuerda la técnica de la tensión narrativa, donde las historias que cautivan son las que no maquillan las debilidades o malas temporadas, y probablemente te encuentras en la parte donde tu relato personal será más realista y donde transitarán desafíos.

- *Tu huella global:* todo lo que hagamos hoy por hoy con la globalización, aunque tiene un enfoque local, puede tener un impacto global. Hagas lo que hagas, a lo que sea que te dediques, en cuestión de segundos una buena idea puede viajar al otro lado del mundo y generar un impacto global aunque lo hayas hecho pensando en tu entorno o contexto.

Por eso, tu proyecto de vida —o en lo que estés trabajando— debe enfocarse en el largo plazo, no solo en días o meses. Algunos procesos tardarán años, inclusive décadas.

Dorothy E. Minck cuenta la siguiente anécdota:

Un capullo de rosa en el jardín de mi abuela parecía tardar tanto en abrirse que estaba impacientándome, porque deseaba ver su color y su belleza. Pensé que debía hacer algo al respecto y apelé a la abuela. Cuando ella me dejó abrir los pétalos, me emocioné. Pero después de que los pétalos quedaron abiertos no se trataba de la rosa verdaderamente hermosa que yo había imaginado. Yo había destruido la belleza de su rosa, la que rápidamente se marchitó. La abuela me explicó entonces que así ocurría con todo: debemos dejar que se abran a su manera y a su tiempo.

Cuando queremos ver promesas cumplidas hay escalas técnicas. El compás de espera es lo que más nos cuesta a todos, pero si te mantienes enfocado, con fe y perseverando, tu historia podría llegar a tener el final esperado.

PAOLO Y KAREN LACOTA

25
EL CUENTO DE NUNCA ACABAR

El costo de estar equivocado es menor que

el costo de no hacer nada.

- Seth Godin -

En algún lado hemos aprendido o escuchado que éxito es sinónimo de cosechar resultados positivos en todo lo que hacemos. Nos han condicionado a que todo tiene que salirnos bien, que si seguimos ciertas fórmulas o acciones los resultados positivos estarán a la vista, sin embargo, todos en algún momento hemos hecho naufragar emprendimientos, proyectos o planes.

Como ya hemos abordado en capítulos anteriores, a veces podemos dedicarnos con esmero y esfuerzo y aun así no obtener los resultados esperados; cuando esto ocurre nos sentimos desconcertados, con una mezcla de emociones negativas que se revuelven en nuestro interior.

Lecciones del *DeLorean*

¿Quién no se ha emocionado al ver a Marty McFly entrar al automóvil modelo DMC-12 *DeLorean* junto al *Doc* Emmett Brown, quien lo convirtió en una máquina del tiempo? Verlos viajar a través de tan increíble descubrimiento del *Doc* en la trilogía de la pantalla grande *Volver al futuro* fue fascinante para muchos.

El caso es que el auto *DeLorean* fue un éxito en la pantalla grande pero un fracaso de ventas en la vida real: su alto costo de fabricación, algunos episodios turbulentos en la vida de su creador y una serie de contratiempos llevaron a que *DeLorean*

Motor Company se declarase en quiebra en 1982.

Pero volvamos a un poco más atrás. En 1973, John Delorean fundó la *DeLorean Motor Company*, y en uno de sus emprendimientos más ambiciosos creó el el DMC-12: este increíble modelo de auto del futuro apareció en 1981, las expectativas eran muy elevadas y suponía una revolución en el mercado automotriz. El *Delorean* fue fabricado en Irlanda del norte, tenía carrocería de acero inoxidable y puertas formato alas de gaviota —diseñadas por el italiano Giorgetto Giugiaro y desarrolladas por Grumman Aerospace—, además de contar con un súper motor V6 de aluminio fabricado en Francia por Renault y un chasis calibrado por Lotus Esprit.

Al menos 8500 autos DMC-12 fueron fabricados antes de que la producción finalizase en 1982, y en 2007 se estimaba que aún existían 6500 de ellos. Aunque ha sido un fracaso rotundo, miles de fanáticos de todo el mundo mantienen una admiración por este afamado vehículo que *Doc* Brown y Marty McFly inmortalizaron con las travesías inolvidables en *Volver al futuro*, dándole fama de máquina del tiempo.

En el caso del *DeLorean* varios factores se conjugaron para que no cumpliese sus objetivos comerciales. En primer lugar, el auto fue lanzado a destiempo, y por sus características no logró despegar en ventas en el mercado. En el mundo de los negocios el tiempo y la oportunidad juegan papeles preponderantes, y la capacidad de reacción ante algún paso fallido es vital para los resultados.

Lógicamente en este caso, tristemente, no solo no se acertó en el momento y manera de presentar el automóvil, sino que además cuando el *DeLorean* se hizo famoso la fábrica ya se había declarado en quiebra; a esto se sumaron los problemas personales de su creador, que echaron a perder este proyecto ambicioso y con tanto potencial.

Hay una palabra que grafica muy bien el concepto de una buena administración: la *mayordomía*, que es la gestión correcta de

PAOLO Y KAREN LACOTA

nuestras actitudes, decisiones y acciones. Por supuesto, ante equivocaciones o eventuales fracasos, una buena mayordomía de nuestra gestión emocional derivaría en una capacidad de reacción correcta; si queremos cumplir lo que consideramos la misión de nuestras vidas, la mayordomía tanto de nuestros éxitos como de nuestros fracasos será vital.

La vida oscila entre los buenos y los malos momentos, entre los aciertos y los errores; es un cuento de nunca acabar. Si estás avanzando en el plan que has imaginado, entonces estás experimentando esto. Reflexionando sobre esta dinámica de la vida, recordemos las palabras de Tom Krause que dicen: «No hay fracasos, solo experiencias y tus reacciones ante ellas».

Los grandes períodos de la vida se resuelven en medio de escenarios no planeados, cuando las cosas parecen llegar a su fin, cuando parece que no es el momento indicado para volverlo a intentar; cuando crees que ese «Algún día…» ya no llegará, cuando juzgas que todo lo que has vivido en el pasado es mejor que lo que está ocurriéndote en el presente, cuando a raíz de una mala temporada o de malos resultados condenamos a un potencial gran futuro aun sin conocerlo. Y así, como lo mencionamos al principio del libro, todos alguna vez hemos soñado con ese «Algún día…» que con el correr del tiempo pareciera alejarse cada vez más.

En este punto es donde tienes que preguntarte: *¿Cómo me recupero de los errores que cometí en el camino de travesía hacia mi futuro? ¿Cómo convierto este fracaso en un aprendizaje que me sirva?* Las palabras de Timothy Ferris nos parecen pertinentes para este tema. Él dice: «El "Algún día…" son palabras que llevarán tus sueños a la tumba contigo. Las estrellas nunca van a alinearse igual que los semáforos, nunca se ponen verde al mismo tiempo. Las condiciones nunca son perfectas, simplemente hazlo y ve corrigiendo las cosas por el camino».

¿Cómo reaccionas cuando los resultados no son los esperados? ¿Qué ocurre contigo cuando acontece una situación inesperada y te sientes sucumbir? ¿Cuál es tu primer pensamiento, tu primera reacción? ¿Cuántos fracasos estás dispuesto a soportar hasta lograrlo?

Superación equivale a buena administración y gestión en nuestra manera de accionar y de reaccionar a lo que vivimos; superación equivale a mayordomía, y mayordomía equivale a superación.

¡Cada día es una nueva oportunidad de aprender, creer, corregir y crecer! Las oportunidades no pasan, ¡tú las creas!

Una palabra puede llevarnos a destino

¿Quién no ha disfrutado de alguna película o episodio de los *VeggieTales*? La idea de *VeggieTales* se originó a comienzos de la década de 1990 cuando Phil Vischer estaba probando programas de animación como un medio para crear videos para niños. Debido a las limitaciones del programa que utilizaba, optó por crear personajes sin brazos, pies y cabello.

Su primer modelo de animación fue una barra de dulce. Pensó que era una buena idea, hasta que su esposa le dijo: «Sabes, los padres van a enojarse si haces que sus hijos se enamoren de las barras de dulces». Tomando este consejo, Vischer optó por usar exactamente lo contrario: vegetales. ¡Y a partir de ahí, estos vegetales animados fascinaron a generaciones enteras!

Al adentramos en procesos creativos, un pensamiento, intuición o sugerencia puede llevar a destino un proyecto fabuloso. El problema es el miedo al cambio: si queremos desarrollar creatividad debemos ser amigos del cambio y del riesgo a aventurarnos.

Alguien dijo alguna vez que «la cueva a la cual tanto miedo nos da entrar tal vez contenga el tesoro que tanto buscamos», así que una simple palabra, un pensamiento o una opinión pueden desembocar en la idea que necesitábamos para concretar una gran misión.

¿Y si nos desafiamos a reformular nuestras ideas, planes o proyectos, escuchar consejos y enfrentamos el miedo a cambiar? En esa reformulación podría estar nuestro próximo gran proyecto.

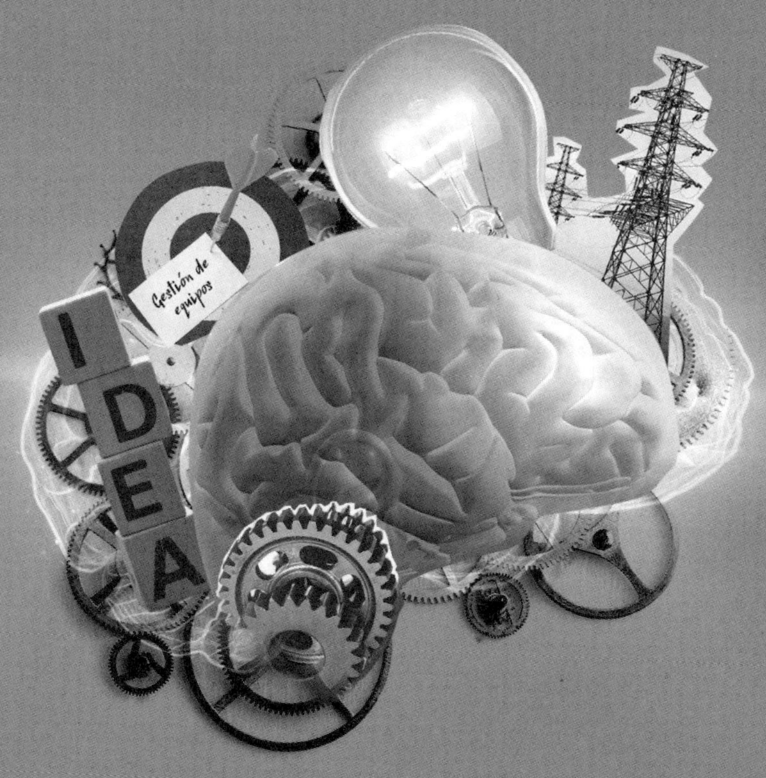

LA OPOSICIÓN

26
VIENTOS IMPLACABLES

Un proyecto sin un camino crítico es

como un barco sin timón.

- Daniel Meyer -

Barcas. Playa. Mar. Vientos. Olas. Jesús. Sucesos extraordinarios.

Disfrutamos mucho leer historias en la Biblia que involucran barcas, redes, tormentas, olas y mar adentro, ya que son escenarios que describen momentos donde Jesús llamó, desafío o irrumpió en la vida de alguien como antesala de milagros y grandes enseñanzas. Siempre que Jesús habló o llamó a alguien en estas escenas, el temor y la incertidumbre también se presentaron.

Examinemos el relato que se encuentra en Mateo 17:27 y dice:

> *[...] vete al lago y echa el anzuelo, pues en la boca del primer pez que saques hallarás una moneda que alcanzará para tus impuestos y los míos.*

Estas son directivas de Jesús a Pedro, pero detente y léelas otra vez: son totalmente fuera de lo convencional. Pedro tuvo que verse sorprendido al escuchar tan alocada orden; en esta ocasión, Pedro no tuvo que enfrentar una tempestad de la naturaleza pero sí una tormenta de pensamientos que retumbaban en su mente diciéndole que eso era una locura, algo fuera de lo normal... ¡y vaya que sí lo era! Pero, aunque parezca increíble, obedeció: subió a su barca, lanzó el anzuelo, y cuando sintió que había picado, lo estiró y encontró el pez. Le abrió la boca y halló una moneda, tal como le dijo Jesús que pasaría.

Este episodio de la vida de Pedro no deja de asombrarnos y también de desafiar nuestras estructuras mentales, pero así es la vida de fe, así son los desafíos divinos: descomunales, fuera de serie, rompen estructuras y requieren siempre una pequeña acción de nuestra parte: ¡obedecer!

> **SIEMPRE QUE VAMOS A HACER ALGO EXCEPCIONAL HABRÁ VIENTOS CONTRARIOS.**

Lo extraordinario está a una sola decisión en nuestras vidas; lo milagroso y asombroso dependen de nuestro accionar a las directivas divinas. Nuestras mayores bendiciones pueden provenir de donde menos lo imaginamos, pero se requiere una fe audaz para ir a la playa, subir a la barca, lanzar el anzuelo y esperar a que lo milagroso entre en acción.

La segunda historia se encuentra en Mateo 14:22-34 y dice lo siguiente:

Mientras despedía a la multitud, Jesús les pidió a los discípulos que se subieran a la barca y se fueran al otro lado del lago. Al quedarse solo, Jesús subió al monte a orar.

La noche sorprendió a los discípulos en medio de las aguas agitadas y luchando contra vientos contrarios. A las tres de la mañana Jesús se les acercó, caminando sobre las aguas turbulentas. Los discípulos, al verlo, gritaron llenos de espanto:

—¡Es un fantasma!

Pero Jesús inmediatamente les gritó:

—¡Calma! ¡No tengan miedo! ¡Soy yo!

—Señor —le respondió Pedro—, si realmente eres tú, ordena que también yo camine sobre el agua y vaya hasta donde tú estás.

—Está bien; ¡ven!

Sin vacilar, Pedro salió por la borda y caminó sobre las aguas hacia Jesús. Pero al percatarse de lo que hacía y de la inmen-

sidad de las olas que se le echaban encima, sintió miedo y comenzó a hundirse.

—¡Señor, sálvame! —grito horrorizado.

Extendiendo la mano, Jesús lo sujetó y le dijo:

—¡Hombre de poca fe! ¿Por qué dudaste?

Cuando subieron a la barca, los vientos cesaron. Los otros discípulos, maravillados, se arrodillaron y le dijeron:

—¡No cabe duda de que eres el Hijo de Dios!

Desembarcaron en Genesaret.

Es de las narraciones más asombrosas de las Escrituras y de los episodios más sorprendentes en la vida de Pedro. Por este tipo de desenlaces es que elegimos a Pedro como uno de los personajes transversales de este libro.

Presta atención a este detalle: Jesús sabía que iba a haber una tormenta, e igualmente metió a sus discípulos en la barca y los envió mar adentro, donde la tempestad arreciaría con fuerza y los vientos golpearían con ímpetu.

El versículo 24 dice que los vientos eran contrarios: siempre que vamos a hacer algo excepcional habrá vientos contrarios, siempre que apuntes a lo extraordinario vendrá un grado alto de adversidad.

El riesgo siempre involucra la posibilidad de fracasar, pero el peor fracaso no es hundirse en las olas, sino más bien nunca salir de la barca.

Cruzar al otro lado

La tercera historia se encuentra en Mateo 8:23-27 y es sobre la vez que Jesús se encontraba durmiendo mientras azotaba una tormenta fuera de la barca.

Entonces subió a una barca con sus discípulos y zarparon de allí. Durante la travesía se quedó dormido.

Poco después se levantó una tormenta tan violenta que las olas inundaban la barca. Los discípulos corrieron a despertar a Jesús:

—¡Señor, sálvanos! ¡Nos estamos hundiendo!

—Hombres de poca fe, ¿a qué viene tanto miedo? —les respondió.

Entonces, se puso de pie, reprendió al viento y a las olas, y la tormenta cesó y todo quedó en calma.

Pasmados, los discípulos se decían:

«¿Quién es este, que aun los vientos y la mar lo obedecen?».

Todos en algún momento nos enfrentamos a algún tipo de tempestad, pero no importa qué tan fuerte sea la tormenta: ¡si Jesús está en tu barca llegarás al otro lado!

Así como en estas narraciones de la vida de Pedro, también hay momentos en nuestras vidas que parecen ser *la tormenta perfecta*; no obstante, la manera más eficiente para desarrollar resistencia emocional está en experimentar y sobrevivir a los niveles más fuertes de adversidad y desconcierto: cuando nos encontremos navegando en un mar de desolación los vientos adversos golpearán de frente, y entonces será ahí cuando veamos la mano de nuestro Señor obrando.

Detrás de esa tormenta que se avecina en tu horizonte tal vez se encuentre el tesoro que tanto buscas, pero tienes que resistir, tienes que mantenerte firme.

Procesos, no sucesos

Nada sucede de la noche a la mañana. Son los procesos y no los sucesos los que nos regalan resultados duraderos y desenlaces extraordinarios; lo que ahora ves como un potencial naufragio podría convertirse en tu mayor hazaña futura si te mantienes firme y a flote el tiempo que sea necesario.

Hemos pasado años trabajando y enfrentando todo tipo de desafíos para llegar adonde Dios nos tiene hoy. Yo, Paolo, he pasado años trabajando en ventas para llegar a ser gerente general, he leído cientos de libros a modo de estudio e investigación para llegar a escribir uno, he viajado a cientos de conferencias en diversos lugares antes de tener la posibilidad de hablar en una de ellas, y créeme que en esas décadas de preparación silenciosa había temporadas muy desalentadoras.

Yo, Karen, he pasado años de estudio y capacitación para adentrarme en la educación y poder marcar una diferencia en el ámbito educativo de mi país. He sido por años profesora y luego otro par de años supervisora de distintas áreas para llegar a ser directora general y asesorar en educación como estoy haciéndolo hoy día, pero fueron años de preparación, de sortear fuertes vientos adversos que fueron forjando el carácter para hoy poder usar todo ese conocimiento a favor de la educación de las nuevas generaciones.

Cuando sientes que se encienden todas las alarmas porque se avecina una tormenta con olas gigantes de incertidumbre en el futuro es cuando debes persistir. Aférrate a tu fe como si fuera un trozo de madera en medio del mar, pon sentimiento y determinación para luchar por tu destino, porque no vivirás lo extraordinario hasta que experimentes tempestades. Por eso, ¿sabes una cosa? No cambiaríamos por nada esas temporadas que vivimos sintiéndonos en el ojo de la tormenta, ya que fueron esas etapas las que definieron muchas cosas en nuestras vidas.

De una tormenta sales robustecido, con carácter más firme, con algún vestigio o pérdida pero sintiéndote más entero que nunca. Detrás de ello hay un umbral de aprendizaje, experiencia y conocimiento que es efectivamente ilimitado. Tu vida nunca volverá a ser igual una vez que te adentres en medio de una tormenta y tu barca sea zarandeada; esta es una vía inigualable de adiestramiento para estar listos y disfrutar de la posterior calma.

El asunto es que, por no animarnos a atravesar los vientos y tempestades, tenemos una vida que no es la que esperábamos vivir. Gregg Levoy resume muy bien la importancia de animarnos a enfrentar los vientos implacables en su texto *El resfriado común del alma*:

> Patrones de conducta pecaminosos que nunca
> se confrontan ni cambian,
> habilidades y dones que nunca se
> cultivan ni utilizan.
>
> Hasta que las semanas se hacen meses
> y los meses se hacen años,
> y un día miras hacia atrás, a una vida de
> conversaciones profundas, íntimas, sobrecogedoras y
> sinceras
> que nunca tuviste,
>
> Grandes y sólidas oraciones
> que nunca hiciste,
> riesgos estimulantes que nunca corriste,
> regalos sacrificiales que nunca ofreciste,
> vidas que nunca tocaste.
>
> Y estás sentado en un sillón reclinable
> con el alma marchita
> y sueños olvidados,
> y te das cuenta de que había un mundo
> de necesidad desesperada,
> y con un gran Dios que te llamaba para ser parte de
> algo mayor que tú mismo.
>
> Ves a la persona que pudiste haber sido
> pero que no eres;
> nunca seguiste tu llamado,
> nunca saliste de la barca.

27
PERFECTO IMPERFECTO

Cada fracaso le enseña el hombre algo

que necesitaba aprender.

- Charles Dickens -

Hay veces en que sentimos que tocamos fondo y nos damos cuenta de que solos no podremos; es en este punto de la vida en que puedes quedarte a la deriva para siempre o lanzarte a un lugar de completo abandono en las manos de Dios. Junto con la vida llegan los golpes inesperados, pero también cuando estás en el ojo de la tormenta es cuando puedes vislumbrar un rayo de luz, y entonces justo después del diluvio viene la calma, y al pasar la noche oscura llega el amanecer.

Puedes aprender, sacudirte el polvo y volver a empezar. No hay vergüenza en ser un hombre o una mujer en pedazos, solo hay que agarrar los pedazos y empezar a reconstruir.

Un punto final o una coma

Hay dos maneras de enfrentar el fracaso: puedes tomar un error como un fracaso y como el punto final, o puedes convertirlo en una coma de una historia que continúa, en una escala más para acercarnos a nuestro destino. Todo se resuelve en tu capacidad de reacción.

Habrá ciertas cosas que no podrás arreglar, y quizás descubrir que no necesariamente tengas que hacerlo; puedes aceptar tu pasado, con sus momentos buenos y malos, con aquello de lo que te sientes orgulloso de haber alcanzado y con lo que no puedes mencionar, y aceptar vivir en la gracia de Dios.

El querido escritor Max Lucado tiene una definición de *gracia* que nos parece muy acertada: él dice que *gracia* significa mucho más de lo que generalmente la gente piensa. El significado de la vida, los años desperdiciados, las malas decisiones... Dios responde a la confusión con una sola palabra: ¡gracia!

Gracia es aceptar quién eres a la luz de la palabra de Dios y aprender a dejar que él use tus complejos y vicisitudes para salir adelante y para ayudar a otros que transitan esa misma senda.

No hay verdad más liberadora que esta: que Dios nos conoce como nadie. Conoce de nosotros lo que no saben nuestros padres, nuestra pareja, nuestros amigos o nuestros mentores; conoce absolutamente todo de nosotros. Parafraseando el título de aquella antigua película del oeste, Dios conoce de nosotros *lo bueno, lo malo y lo feo*.

Dios conoce nuestras zonas oscuras, nuestras partes rotas, nuestras contradicciones y partes disfuncionales, pero aun así nos ama y nos acepta, y no solo eso, sino que nos invita a que seamos parte de sus planes y propósitos. Él sigue teniendo un futuro lleno de esperanza para nosotros: «Pues yo sé los planes que tengo para ustedes —dice el Señor—. Son planes para lo bueno y no para lo malo, para darles un futuro y una esperanza», como está escrito en Jeremías 29:11 (NTV).

Es normal que nos equivoquemos, lo que no es normal es que de nuestros errores no surjan cambios; no podemos ser perfectos, pero podemos ser íntegros. Podemos cometer errores por un sinfín de situaciones o factores: por falta de atención, por no haber planificado, por no habernos enfocado en lo que debíamos, por no ordenar correctamente nuestras prioridades, por no haber cuidado nuestra mente, por desidia, o simplemente por desistir o por habernos dejado estar. Pero, ¿creemos que por un error en la vida toda nuestra vida debería convertirse en un error?

Seth Godin dice: «Es imposible tener una moneda de una sola cara. No puedes tener cara sin tener cruz. La innovación es así. No puedes tener éxito si no estás preparado para el fracaso».

Vivimos en constante movimiento y crecimiento. En la vida atravesamos diferentes tipos de sendas y caminos, de los buenos y de los equivocados, y algunos con el potencial de hundir nuestras vidas para siempre, si así lo decidimos.

Nuestra lucha por lograr el perfeccionismo es y siempre será desgastante y frustrante ya que es un destino que no podremos alcanzar, pero justamente es ahí donde Jesús marca una diferencia en nuestra vida: por nuestra imposibilidad de alcanzar la perfección es que Jesús murió y su gracia nos regaló la oportunidad de un nuevo comienzo con la resurrección, la oportunidad de segundas, terceras, cuartas y cuantas oportunidades sean necesarias.

> **NO PODEMOS SER PERFECTOS, PERO PODEMOS SER ÍNTEGROS.**

Tolerancia al fracaso

Hemos leído un sinfín de libros sobre el fracaso pero pocos hablan del fracaso emocional o moral, de aquellos que te llevan a empezar la vida literalmente de cero (aun para estos casos hay gracia y una oportunidad que Dios da). Por supuesto que también están los otros tipos de fracasos, los de un emprendimiento que se hunde, los de una mala inversión o un despido laboral, los de no haber aprobado el examen para ingresar a la universidad, los de tener que abandonar proyectos; son todas situaciones dolorosas que nos hacen morder el polvo y nos dejan tirados en el piso. Pero también no es menos cierto que de este tipo de situaciones está empapelada la vida. ¡Se puede volver a empezar!

No deberíamos ser tan lapidarios con nosotros mismos. Se puede aprender, entrenar y volver más fuertes, se puede dejar de lado la inseguridad que producen los resultados no deseados —entendiendo que, aunque somos perfectos imperfectos, podemos recurrir cada día a las nuevas oportunidades que Dios nos da—; podemos aferrarnos a Dios y volver a la línea de salida para intentarlo de nuevo.

Cuando las cosas no resultan como esperábamos, tenemos que buscarle la vuelta al asunto y reinventar las ideas. Ed Catmull, expresidente de *Pixar*, dice al respecto que: «Los errores no son necesariamente malos. No son malos en absoluto. Son la consecuencia inevitable de hacer algo nuevo».

En su libro *Crear o morir*, Andrés Oppenheimer investigó por qué en Latinoamérica no surgen genios de la talla de Steve Jobs. Entre las principales razones mencionó las siguientes: la gran cantidad de trámites burocráticos para emprender un negocio, la falta de inversión de los gobiernos, la inestabilidad económica y la corrupción por la cual no se genera un buen clima para los negocios, pero el principal motivo que él descubrió es que tenemos una cultura social y legal «que no tolera el fracaso».

Llevando todo esto al ámbito personal, no olvides la palabra *gracia*: es lo que marca tu vida y la cambia para siempre. Steven Furtick dice: «Creemos que tenemos que limpiarnos antes de poder acercarnos a Dios, y suponemos que su gracia, bondad y amor solo les pertenecen a aquellos que han demostrado ser dignos». Ese no es el mensaje que Jesús trajo.

Mira a cada una de las personas a las que el Maestro encontró, desde los discípulos que escogió, los pecadores con los que cenó y hasta el ladrón al que perdonó en la cruz. Jesús vio lo mejor en la gente en su peor estado; él se encontró con ellos en sus desastres, en sus realidades, en sus momentos de mayor desesperación. Los amó y creyó en ellos cuando no había nada digno de amar en ellos. Tú no tienes que causarle a Dios una buena impresión, pero sí necesitas ser honesto con él… y contigo mismo.

No eres un fracaso, estás en camino a tu destino; las dificultades son apenas una coma en tu historia, estás en mejora continua, así que abraza la gracia y deja que cada uno de tus fracasos te acerquen a Dios y a tu propósito.

28
POSDATA: NO DESISTAS

Vayan a decirles a los discípulos y a Pedro:

«Él va delante de ustedes a Galilea».

- Marcos 16:7 -

Dentro de la vorágine de la vida del apóstol Pedro, con sus idas y vueltas, subidas y bajadas, con decisiones acertadas y equivocadas, llegó un momento que superó a todos, uno que lo dejó varado en una estación de la vida donde decidió renunciar a su llamado, o lo que es peor, a volver a su antigua vida. Fue posterior a haber negado tres veces a Jesús, su Maestro.

Pedro no se perdonó eso, por lo que se apartó del grupo de los discípulos y volvió a su antiguo oficio: la pesca. Pensó que Jesús había muerto, pero al tercer día de la crucifixión el evangelio de Marcos registra un acontecimiento durante el amanecer. Un ángel que estaba en la tumba de Jesús les dijo a las mujeres que acudieron allí: *Vayan a decirles a los discípulos y a Pedro: «Él va delante de ustedes a Galilea».*

El ángel hace mención especial de Pedro, y nos gusta pensar que fue un encargo que Jesús dio al mensajero: «Díganle a los discípulos *y a Pedro* que los veré en Galilea».

El ángel trae un encargo: es el *post-it* pegado en la pantalla de tu computadora, el imán en la puerta de tu nevera o el separador en la página de ese libro que estás leyendo que funciona como recordatorio. El mensaje detrás del mensaje es que, más allá de la negación de Pedro, Jesús no lo negó a él: Jesús no se había rendido con Pedro, aunque aparentemente Pedro ya se había rendido consigo mismo.

El ángel les dice que se reunirán con Jesús en Galilea, tal como

Jesús mismo se los dijo antes. Marcos 14:28 lo registra: «Pero después que yo resucite, iré delante de ustedes a Galilea».

Jesús les dijo antes de morir que luego de su resurrección el reencuentro sería en Galilea, pero como nos pasa a todos, en medio de las tormentas nos sentimos derrotados y tendemos a olvidar las promesas y las buenas noticias.

El punto de encuentro sería Galilea, un lugar que conocían muy bien los discípulos y que traía buenos y cálidos recuerdos a sus mentes. Fue allí justamente donde Jesús llamó a varios de ellos para que fueran «pescadores de hombres» y sería allí donde Jesús restablecería la misión.

Pedro finalmente tendría la oportunidad de verse cara a cara con Jesús y corroborar por él mismo que Jesús tenía reservada una misión aún mayor de lo que imaginaba para su vida: liderar la tropa de discípulos y a la iglesia primitiva que estaba naciendo. Un nuevo día despuntaba en la vida de Pedro.

Dios elige a los descalificados

«El mundo dice: "Termina lo que empezaste". Jesús dice: "Continúa con lo que yo ya he terminado"», escribe Steven Furtick. ¡Qué verdad más profunda!

La Biblia está llena de historias de personas cuyos errores quedaron registrados en sus páginas, pero más que para vergüenza o advertencia, estas sirven para infundir ánimo. Si los protagonistas de la Biblia pudieron terminar su misión a pesar de sus equivocaciones y fracasos, ¡nosotros también podemos! A Dios le encanta trabajar con personas que el mundo descalificaría.

Todos hemos oído decir que el camino que conduce al éxito está lleno de fracasos, pero eso no convierte al rechazo en algo más fácil de asimilar. Entonces, ¿qué ayuda? Saber que incluso personas muy talentosas del mundo han sido rechazadas.

¿Sabías que la discográfica RSO Records se negó a producir el primer disco del grupo irlandés U2? Bono, The Edge, Larry Mullen Jr. y Adam Clayton eran adolescentes cuando formaron la banda en 1976 (aunque al inicio eran conocidos como *The Larry Mullen Band*, luego como *Feedback* y después como *The Hype*), y a mitad de 1979 lanzaron su primer sencillo en Dublín, pero en mayo del mismo año la RSO Records, con sede en Londres, rechazó su trabajo. La carta decía lo siguiente:

Querido Sr. P. Hewson (Bono),

Gracias por enviar su cinta de U2 a RSO. La escuchamos con cuidadosa consideración, pero sentimos que no es adecuada para nosotros en este momento.

Deseamos que tenga suerte en su futura carrera.

Atentamente,

Alexander Sinclair

«No es adecuada para nosotros en este momento» era el motivo presentado en una carta dirigida a Bono. Esa frase empujó a los muchachos de U2 a buscar otras opciones, y un año más tarde, los músicos irlandeses firmaron contrato con Island Records para lanzar al mercado su primer single promocional: *Boy*.

Una curiosidad de esta historia es que en 1983, mientras la compañía RSO Records cerraba sus puertas para siempre, U2 presentaba *War*, el disco que señalaría el punto más alto de la banda hasta el momento y marcaría un antes y un después en la carrera del grupo musical. RSO Records, al rechazar a U2 se despidió en la carta de la siguiente manera: «Deseamos que tenga suerte en su futura carrera». ¡Y vaya que lo han tenido!

Pasó también con los hermanos Wright: ellos eran dueños de una tienda de bicicletas, pero lograron la hazaña de ingresar a la historia como los primeros que hicieron volar un avión.

Entre algunos impedimentos que tuvieron que superar resalta una anécdota acerca de la mentalidad de su papá, quien indudablemente tuvo que ejercer alguna influencia sobre sus hijos. Su padre fue invitado y entrevistado por el rector de una universidad de la costa oeste de los Estados Unidos, y entre las afirmaciones del pastor Wright, al ser consultado sobre los acontecimientos futuros en el mundo, resaltaron las siguientes:

PAOLO Y KAREN LACOTA

—Pastor Wright, ¿el mundo va a acabarse?
—Sí, estoy convencido de ello. El fin no puede tardar en llegar porque, si analizamos bien las cosas, ya se ha descubierto todo lo que había que descubrir. Ya el hombre ha inventado todo lo que podía inventar. Eso es señal de que el mundo llega a su fin.

Y continuó:

—Si Dios hubiera querido que el hombre volara le hubiera dado alas. Los humanos nunca volarán. ¡Nunca! Volar está reservado a los pájaros y a los ángeles.

Lo gracioso es que sus hijos, Orville y Wilbur, fueron los flamantes creadores del aeroplano y efectuaron el primer vuelo tripulado. Apenas lograron la hazaña de volar, enviaron un telegrama a su padre contándole la buena noticia: ¡habían logrado que los humanos pudieran volar!

Si bien es cierto que hay muchas cosas del futuro que no dependen de nosotros mismos y que están fuera de nuestro alcance hay otras que sí podemos manejar, canalizar y forjar para un mejor presente y futuro. Piel adentro, aunque nos sintamos rotos y quebrados, aun así seguimos caminando al futuro; aunque esa sea nuestra percepción, Dios no se rinde con nosotros, aunque nos atraiga la idea de tirar la toalla.

A propósito de «tirar la toalla», ¿te percataste alguna vez que el que tiene la toalla es el entrenador y no el boxeador? Tú puedes renunciar a Dios, pero su amor no renuncia a ti; no puedes rendirte porque él sigue creyendo que saldrás adelante.

George Herman Ruth Jr., más conocido como *Babe Ruth*, fue una leyenda como jugador profesional estadounidense de béisbol. Uno de sus dichos era: «No puedes vencer a alguien que nunca se rinde».

Si tuviésemos que escribirte una carta hoy, te diríamos que nunca es demasiado tarde, y pondríamos como posdata: *Por favor, no desistas.*

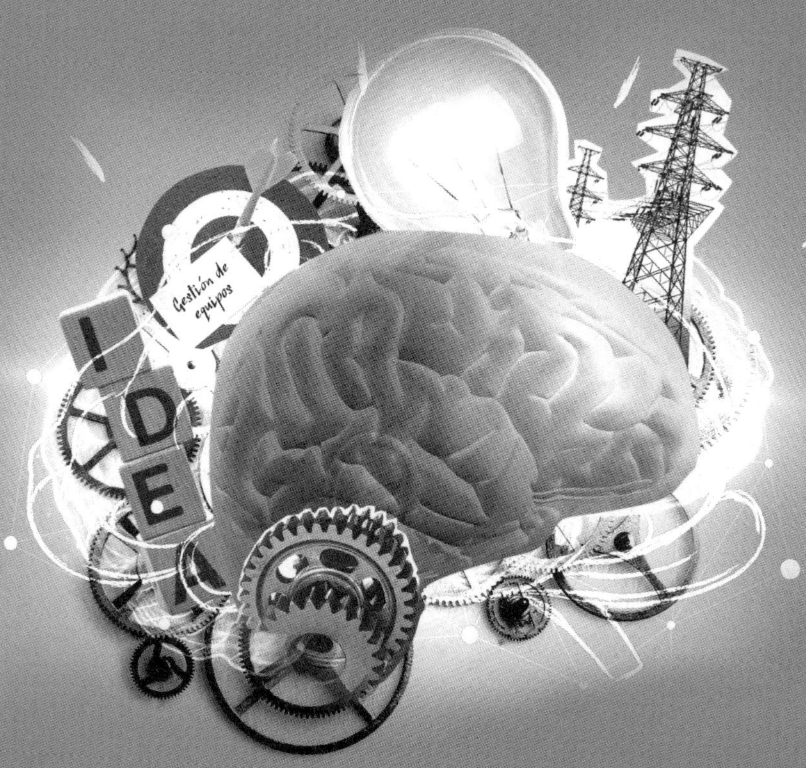

LA REINVENCIÓN

29
EL FUTURO A LA VUELTA DE LA ESQUINA

Sé tú mismo, nadie te dirá que estás haciéndolo mal.

- Charles Schulz -

Charles Schulz encontró una clase diferente de púlpito para predicar sobre el amor de Dios, exponer las flaquezas de la naturaleza humana y señalar el carácter absoluto de la bondad de Dios: las historietas. Su historia *Peanuts* («Rabanitos»), que debutó en 1950, fue publicada en dos mil seiscientos periódicos de veinticinco países. Con frecuencia utilizaba la historieta para citar versículos bíblicos o reafirmar el significado espiritual de las festividades cristianas, con un tono humorístico y una mirada infantil sobre las flaquezas de la naturaleza humana.

Después de ver un aviso que preguntaba «¿Te gusta dibujar?», Schulz decidió estudiar artes plásticas. Sirvió en el ejército durante la Segunda Guerra Mundial y, terminada la misma, comenzó a escribir el texto de una historieta cómica de la iglesia.

Schulz enseñaba dibujo y vendía sus historietas a la revista *The Saturday Evening Post*. Creó la historieta *Li'l Folks* para la Pioneer Press de St. Paul en 1947, que luego fue vendida a una cadena de periódicos en 1950, la que cambió su nombre por *Peanuts*. A lo largo de los años derivaron de esta historieta muchos productos, incluyendo una serie de programas televisivos, numerosos libros y un musical llamado *Eres un buen tipo, Charlie Brown*.

La tira *Peanuts* fue la única obra de Schulz durante casi cincuenta años. Los personajes cambiaron muy poco durante todo ese tiempo: Charlie Brown siguió buscando lanzar una pelota ganadora y encontrar muchas razones para decir «¡Caracoles!» al reflexionar sobre la vida, Lucy continuó dando consejos aguados a cambio de una moneda desde su puesto donde vendía

PAOLO Y KAREN LACOTA

limonada, Linus siguió aferrado a su mantita, y Snoopy, el perrito escritor, siguió volando en su fantasía como archienemigo del Barón Rojo en la Primera Guerra Mundial.

Schulz, a pesar de ser un hombre que resguardaba celosamente su vida privada, llegó a la fama internacional. Fue devoto esposo de Jeanne y padre de Amy, Jill y Craig, y en sus últimos años le gustaba jugar al hockey sobre hielo en la pista de su ciudad, Santa Rosa, y beber café con sus amigos y otros jugadores.

Más adelante Schulz decidió retirar su amada historieta de circulación cuando comenzó su lucha contra el cáncer de colon, para dedicar todas sus energías a su familia y amigos sin las presiones de tener una entrega diaria. Quienes lo conocieron bien recuerdan que trabajaba todos los días y que «nunca le faltaban ideas».

> **LA EXPERIENCIA NO PUEDE CONTARSE, TIENE QUE VIVIRSE EN CARNE PROPIA PARA CONVERTIRSE EN APRENDIZAJE.**

En 1955 y 1964, Schulz ganó el premio más importante de las historietas: el *Reuben Award*. En 1978 fue nombrado «Historietista Internacional del Año» por 700 colegas de todo el mundo, y antes de morir había sido elegido para el premio a la labor de toda una vida por la Sociedad Nacional de Historietas de los Estados Unidos.

Schulz murió la noche anterior a la publicación de su última historieta. Su tira con todos los personajes de *Peanuts* —que comenzaba diciendo «Queridos amigos»— no solo se convirtió en un mensaje de gratitud a todos sus amigos por su apoyo, sino también en su epitafio. Cierta vez dijo de su trabajo: «¿Por qué los músicos componen sinfonías y los poetas escriben poesías? Lo hacen porque la vida no tendría significado para ellos si no lo hicieran. Por eso yo hago historietas. Es mi vida».

El queridísimo Schulz había mantenido el rumbo a lo largo de su vida, descubrió su razón de ser e invirtió sus recursos y energías en lo que sabía hacer y amaba compartir: sus historietas. Se reinventó a través de los años y se enfocó en lo que amaba hacer hasta el último de sus días, aunque en su caminar tuvo que batallar con todo tipo de impedimentos y adversidades, e incluso hasta una enfermedad que sacudió sus cimientos, pero no su enfoque.

Amigos del cambio

El enfoque tiene que estar hacia lo que viene, en crear el futuro. Recuerda que la vida no es lo que fuiste en el pasado sino lo que puedes llegar a ser. La construcción de un mejor mañana expondrá lo que realmente eres y desafiará tus límites: tendrás que ser amigo del cambio, del riesgo y de los horizontes no explorados.

Seth Godin menciona que «El secreto del liderazgo es simple: haz lo que crees, dibuja una imagen del futuro y ve allí». En el proceso de transitar estos senderos inexplorados puedes sentirte perdido y desorientado en algún tramo de la travesía, pero aquí es donde tenemos que ser pacientes y no lapidarios con nosotros mismos, evitando fatalizar la incertidumbre. Necesitamos aferrarnos a nuestras convicciones para alimentar la fe y mantener la expedición exploradora.

No olvides que la experiencia no puede contarse, tiene que vivirse en carne propia para convertirse en aprendizaje, y esto requerirá creatividad, una fe audaz y confianza cuando el horizonte se vea oscuro. Y tus cimientos serán fundamentales.

Un buen cimiento

¿Conoces la historia de los dos constructores en la Biblia? Jesús fue un *storyteller* fascinante: tenía una manera única de narrar historias y dar enseñanzas excepcionales usando elementos de la vida cotidiana y a veces apelando al recurso de la imaginación de sus oyentes.

PAOLO Y KAREN LACOTA

En cierta ocasión, para ilustrar el concepto de que no estamos libres de afrontar tormentas y momentos angustiosos en nuestras vidas, narró la historia de la parábola de los constructores (Mateo 7:24-27):

Todo el que presta atención a mis enseñanzas y las pone en práctica es tan sabio como el hombre que edificó su casa sobre una roca bien firme. Cuando llegaron las lluvias, las inundaciones y los huracanes, la casa no se derrumbó porque estaba edificada sobre roca. Pero el que oye mis enseñanzas y no las pone en práctica, es como el tonto que edificó su casa sobre la arena. Cuando llegaron las lluvias, las inundaciones y los fuertes vientos, la casa se derrumbó y su ruina fue irreparable.

Para ambos constructores vino la tormenta; la diferencia para cada uno fue la base y el fundamento de sus casas. Al igual que para ellos, sobre qué estamos construidos es lo que determinará si quedamos de pie o somos derribados cuando las dificultades se presenten, y por supuesto, si estamos bien cimentados sobre la roca que es Jesús, nuestra esperanza futura, podemos tener la confianza de que en él estamos seguros. Ahora bien, estar en Cristo no nos exonera de enfrentar el dolor o las adversidades, pero nos da la confianza de que podemos reponernos y reconstruir, de que no nos quedaremos en ruinas.

Por eso, no saques conclusiones rápidas a procesos largos; las temporadas de lluvias y tempestades no son el final de todo, y si mantienes el enfoque solo serán temporadas que expondrán la legitimidad de tus cimientos.

Charles Schulz siguió su curso de acción manteniendo las manos en el timón, soportó la tempestad de pronósticos devastadores sin perder el norte de su vida hasta su ultimo día.

En algún momento quitamos la mirada del futuro y comenzamos a vivir recordando el pasado, dejamos de creer y comenzamos a desanimarnos, dejamos de soñar y empezamos a quejarnos;

considerando esto, mantén tu norte con decisión, reentrena tus pensamientos, acrecienta tus habilidades, mantente enfocado y haz posible el futuro que quieres, el mismo que posiblemente se encuentre a la vuelta de la esquina.

EL FUTURO A LA VUELTA DE LA ESQUINA

considerando esto, mantén tu norte con decisión, reentrena tus pensamientos, acrecienta tus habilidades, mantente enfocado y haz posible el futuro que quieres, el mismo que posiblemente se encuentre a la vuelta de la esquina.

PAOLO Y KAREN LACOTA

30
ODISEAS EN AVIONES DE PAPEL

Cuando todo parezca ir en tu contra, recuerda que

el avión despega con el viento en contra, no a favor.

- Henry Ford -

¿Recuerdas cuando eras muy pequeño y pedías a alguien que te hiciera un avión de papel? Si ya sabías hacerlo tú mismo, pronto lo armabas y corrías a jugar con él. Gran parte del juego era en tu mente.

Imaginando a ese pequeño avión —que probablemente salió de una hoja de tu cuaderno o del periódico de papá— corrías, lo elevabas y lo lanzabas para que surque los aires. Tu avión podía llegar tan alto y tan lejos como tu imaginación te permitiera visualizarlo.

Todos los que jugamos con un avión de papel podíamos pasar horas jugando con nuestro pequeño avioncito, hasta que de tantos vuelos quedaba totalmente estropeado. Hoy, al mirar al cielo y ver aviones de verdad atravesando las nubes, nos preguntamos: *¿Cómo es que los aviones pueden volar? ¿Cómo es posible que un avión cargado de gente, maletas y otro tipo de cargas pesadas, pueda elevarse y volar? ¿Cómo pueden sostenerse en el aire sin desplomarse?* Y mientras más grandes son los aviones que observamos, más grandes son nuestros interrogantes.

Pues ésto tiene su explicación. Hay una serie de principios aerodinámicos que revelan cómo es que los aviones vuelan: no hay avión que despegue si no es contra el viento. A eso la llaman *ley de la sustentación:* con una presión de aire mucho mayor abajo que arriba, las alas generan la fuerza de sustentación que eleva al avión durante el despegue y lo mantiene durante el vuelo. Por eso, para despegar, los aviones necesitan una pista donde poder acelerar hasta alcanzar una determinada velocidad, y cuanto mayor sea la velocidad del avión respecto al aire, mayor es la fuerza de sustentación.

Para que algo más pesado que el aire permanezca en vuelo tiene que experimentar una fuerza en dirección contraria. Tanto como la fuerza de sustentación, la *fuerza propulsora*, la *resistencia* y el *peso* son factores que se fusionan de manera que el avión pueda transportarse por los aires.

TÚ PUEDES USAR LAS ADVERSIDADES PARA ELEVARTE A NUEVAS ALTURAS.

Al igual que la ley de la sustentación y su efecto para que los aviones puedan levantar vuelo y mantener el curso, los vientos en contra y la presión de la vida tienen los mismos efectos para nosotros; de hecho, hemos sido diseñados con la capacidad de enfrentar situaciones difíciles.

A nivel neurológico poseemos circuitos adaptativos cerebrales para hacer frente a las adversidades. En el córtex prefrontal del cerebro es donde reside gran parte de nuestro potencial para aprender, superarnos, hacer frente a las situaciones, a nuestros errores y a las adversidades, y esta zona cerebral es la encargada de supervisar, guiar, dirigir y concentrar nuestro comportamiento; además, las habilidades para procesar lo que vivimos y encontrar el sentido y significado se encuentran en nuestras *funciones ejecutivas*, aquellas que nos permiten razonar, juzgar, pensar, planificar y reestructurar nuestras vidas a partir de nuestras experiencias.

Por otro lado, el aspecto espiritual es determinante para recibir una nueva perspectiva de las situaciones de la vida: nuestra capacidad de conectarnos con Dios y ser fortalecidos por él toman como base nuestras funciones cognitivas y se elevan por encima de ellas. Contamos con innumerables pasajes bíblicos que nos recuerdan que Dios nos fortalece en medio de las adversidades y que está a nuestro lado en toda situación, y esta es una verdad que nos llena de fe y esperanza, confiando que aquello que tenía el potencial de empañar tus planes, tus emociones y debilitar tus fuerzas es cambiado a tu favor.

Tienes a tu disposición todas las herramientas a nivel neurológico y espiritual para usar las adversidades para elevarte a nuevas alturas; para ello, resulta determinante la manera de gestionar tus miedos, ansiedades y dudas para afrontar tus desafíos decididamente.

> **OLVÍDATE DE LAS VOCES QUE SIEMPRE SALEN A OPINAR O CRITICAR: MANTÉN UNA ACTITUD DE HUMILDAD.**

Lógicamente, a estos desafíos de adversidad y al estar bajo presión deberías canalizarlos entrenando más, enfocándote en tus estudios y trabajando más duro en tus proyectos para tener cada vez un mejor nivel en aquello en lo que te desempeñas. De esta manera, estarás usando todos los elementos a tu favor para un mejor rendimiento.

Resiste el *efecto cangrejo*

Lamentablemente, hay personas que han decidido vivir sus vidas como los cangrejos: siempre tienen entre ceja y ceja a los que han alcanzado lo que ellos anhelaban.

¿Sabías que si colocas a varios de esos simpáticos animalitos en un balde sin tapa, ninguno de ellos podrá salir de ahí porque cuando uno se acerque al borde los demás tirarán de él hacia abajo? Esta escena representa lo que ciertas personas hacen al ver que los demás destacan en algún área: de manera automática los jalan hacia abajo con palabras de descrédito, desánimo y crítica despiadada.

¿Has visto alguna vez cómo, en cuanto alguien sobresale, otros se ponen celosos de su éxito e intentan hundirlo? Olvídate de las voces que siempre salen a opinar o criticar: mantén una actitud de humildad. Recuerda que la humildad luce más todavía en personas exitosas.

Soporta la presión y los vientos en contra del qué dirán y enfócate sencillamente en hacer lo correcto; si logras hacer esto, estarás canalizando los embates de vientos en contra para emprender vuelo a nuevos horizontes en tu futuro.

Corregir, corregir, corregir

Volviendo a nuestra analogía con la aviación: ¿sabías que un avión está fuera de su hoja de ruta el 95 % del tiempo de vuelo? Entonces, ¿qué es lo que hacen los pilotos para llegar a destino? El *plan de vuelo* determina con precisión una ruta aérea a seguir, pero es solo eso, un plan, una expectativa. La realidad del proceso es otra: desde que el avión despega —digamos que desde California, y luego aterrizando en Panamá—, el piloto va a encontrar que se desvía constantemente del camino ideal que se ha propuesto.

Resulta que viene un viento que no se había previsto y empuja a la nave. El avión comienza a desviarse de la línea recta virtualmente trazada en el aire; unos kilómetros más adelante, un cambio de presión atmosférica induce otras variaciones en la trayectoria, y así, constantemente durante el trayecto del vuelo, el avión se mueve y se sale de curso.

¿Cómo es que una nave que pasa el 95 % del tiempo fuera de curso logra aterrizar seis horas después en el destino que había determinado? Una de las claves es: *corregir.*

El piloto o la computadora de vuelo están corrigiendo el curso constantemente, pero ¿qué les permite corregir? No se puede hacer nada ante aquello de lo que no se es consciente, solo es posible enderezar aquello que se percibe como desviado.

Bog Iger, CEO de Disney, escribe en su libro *Lecciones de liderazgo creativo* algunos principios que considera necesarios para mantener el curso de vida en nuestro liderazgo. Iger menciona que tienes que dar el ejemplo de que a veces está bien equivocarse, que es importante tener la honestidad y la franqueza de admitir cuando se cometió un error. Añade además que «Los errores no son un problema; las mentiras, sí», y que el éxito y la longevidad de un buen líder dependen de establecer altos estándares éticos para todas las cosas, tanto grandes como pequeñas. En este punto además menciona que «La forma en que haces cualquier cosa es la forma en que haces todo. Un buen líder debe exigir integridad de su gente en todo momento, y además demostrarlo en su trabajo y manera de comportarse».

¿Cómo es posible salirse del camino y aun así llegar a destino? Evaluando y corrigiendo continuamente, no dejando tu destino librado a la suerte sino adueñándote del proceso que implica estar encima de tu desempeño, sin emitir juicios, y aceptando el error, la desviación y el encuentro con lo inesperado, pero haciéndote responsable de lo que te toca: mantener el curso de tu vida.

DIOS ES ESPECIALISTA EN RECICLAR NUESTRAS FALTAS Y USARLAS LUEGO PARA AYUDAR A OTROS.

Entonces, ¿qué harás hoy para corregir tu vida? ¿Volverás a equivocarte? Seguro que sí. ¿Algunas cosas no saldrán como esperabas? Dalo por hecho. ¿Habrá gente que te critique? Es muy probable. ¿Cómo reaccionarás? ¿Abandonarás todo a mitad de camino? ¿Postergarás tus esfuerzos hasta encontrar el escenario ideal para plasmarlos?

Dios es especialista en reciclar nuestras faltas y usarlas luego para ayudar a otros, pero necesitas tomar determinaciones para reinventarte, mantener el curso y cumplir tu misión.

A estas alturas de la vida puede que ya te hayas percatado de lo frágiles y vulnerables que somos, así como lo eran aquellos pequeños aviones de papel con los que jugábamos cuando éramos niños, pero ¡ánimo! Puedes corregir, puedes cambiar. ¡No importa si la mayor parte de tu vida estuviste viviendo fuera de tu hoja de ruta! Hoy puedes volver al plan original y llegar a destino.

31
DONDE LOS SUEÑOS DUERMEN

Los cuentos se escriben para que los

niños duerman tranquilos y para que los adultos despierten.

- Frase atribuida a H. C. Andersen -

En algún momento de la vida todos queremos ser lo que éramos y volver a aquellos tiempos cuando no teníamos los apremios del crecimiento, de la empresa y la presión de los emprendimientos, cuando no teníamos que estar mirando la planilla de pagos de quienes trabajan con nosotros o cuando no teníamos que desvelarnos por la tesis y llevar un ritmo vertiginoso de vida que no habíamos imaginado. Cerramos los ojos, suspiramos, recordamos y añoramos esa felicidad de cuando éramos niños, cuando el *tic-tac* del reloj parecía avanzar en cámara lenta; anhelamos volver a cuando no queríamos ir a la cama a la noche porque queríamos seguir jugando, a cuando nos sobraban energías y ganas de estar activos hasta muy tarde.

Tantos recuerdos, juguetes esparcidos por toda la casa, pelotas en el patio de atrás, mascotas queridas y ni que hablar de las tardes de sábado viendo televisión y tomando algún chocolate caliente con galletas. Nos genera nostalgia recordar aquellos tiempos cuando éramos felices con tan poco; quisiéramos volver, por unos instantes, a esa época.

Los regalos de la vida

Hoy somos conscientes de que en unos años más vamos a querer volver a este tiempo, y aunque todavía estamos viviéndolo, sin lugar a duda sabemos que lo extrañaremos; aunque todavía no se ha ido, nos emociona hasta las lágrimas. Yo, Paolo, me explicaré mejor.

PAOLO Y KAREN LACOTA

Solo hace un par de años, cuando llegaba de un viaje, mis hijas pequeñas esperaban ansiosas mi regreso. Al verme llegar, gritaban «¡Papi!» y corrían hacia mí, me daban un gran abrazo y miraban mis manos y mis maletas (porque sabían que les traería un regalo). Esto pasaba cada vez que viajaba: no importaba si lo hacía una, dos o tres veces en el mismo mes, la dinámica de bienvenida siempre era la misma. Aunque yo sabía que la algarabía era en gran parte por la emoción de los regalos además de mi llegada, lo disfrutaba —y disfruto— muchísimo.

Recuerdo una vez cuando una de mis hijas todavía era muy pequeña. Tuve un viaje en particular que me tomó unos siete días fuera de casa y, por las conversaciones que tuve telefónicamente con mi esposa, sabía que mi hija me extrañaba mucho y estaba un poco triste, así que aquella vez al regresar no guardé el regalo elegido en la maleta sino que lo llevé en mi equipaje de mano.

Al aterrizar en mi ciudad y antes de llegar a casa, tomé el muñeco que compré, lo sujeté en mi mano y lo escondí detrás de mí. Al abrirse la puerta en casa pude ver su rostro un poco cabizbajo todavía, pero sorprendida por mi llegada; al mirarnos, levanté bien alto aquel muñeco (como quien levanta un trofeo triunfal) y comencé a caminar hacia ella; nunca olvidaré el brillo de sus ojos que empezaron a danzar, con una tímida sonrisa cómplice. Nos abrazamos mientras ella tomaba su muñeco de regalo.

Los años van pasando, y algún día esos juguetes quedarán en el olvido en algún rincón de la casa, todos esos pequeños recuerdos quedarán en algún baúl o guardados en alguna caja por tiempo indefinido, pero lo que marcará los corazones de mis hijas y vivirá eternamente en sus mentes y en la nuestra son los momentos que pasamos juntos, tiempos de atención y cariño, momentos de diversión y enseñanza juntos, experiencias compartidas en todos estos años. Eso quedará en nosotros para siempre, en ese lugar donde los sueños duermen.

La vida viene con increíbles regalos donde menos esperamos encontrarlos, esos grandes hallazgos que puedes descubrir donde otros probablemente solo ven rutina y aburrimiento. Uno de esos momentos preferidos, pequeños pero inmensos, es cuando leemos con nuestras hijas en la noche. No sabemos cómo sucedió ni cuándo empezamos a disfrutarlo tanto; tal vez fue porque al principio solo lo tomábamos como algo de rutina o lo hacíamos solo por tradición, o tal vez el tener algunas noches viajando por otras ciudades o en algún aeropuerto en la madrugada esperando la conexión del vuelo de retorno a casa empezaron a hacernos añorar y valorar esas lecturas nocturnas con ellas.

La vida es un regalo, y como tal viene con una serie de situaciones que —como todo regalo— no podemos elegir, pero forman parte del paquete. En nuestro caso, venir de un hogar no cristiano fue algo que en su momento sufrimos cada uno en su propio hogar a su manera; sin embargo, todos tenemos la oportunidad de asumir la responsabilidad de nuestras vidas, de la actitud que tendremos ante situaciones que escapan a nuestra voluntad, de cómo afrontaremos nuestras luchas y propias contradicciones. Podemos dejar atrás aquello que no se puede cambiar para abrazar aquello que sí queremos vivir.

LA VIDA VIENE CON INCREÍBLES REGALOS DONDE MENOS ESPERAMOS ENCONTRARLOS.

Puede que hayas crecido con solo uno de tus padres, o sin ninguno de ellos, pero ¿qué vas a hacer? ¿Quedarte a mitad de camino lamentándote? ¿Llenar tu vida de rencor y resentimiento por las expectativas no alcanzadas?

Nuestros hijos nos dan la posibilidad de ser los padres que siempre quisimos tener, y yo no pienso perderme esa oportunidad que me da la vida.

Volver a inventar

Reinventarse literalmente significa «volver a inventar» y se da en un contexto donde la persona se enfrenta a un cambio importante en su vida o su entorno, el cual suele venir sin aviso y de forma inesperada. Cuando pensabas que tendrías estabilidad y confort sobreviene algo que desarma tus planes, y entonces, la frustración o la reinvención son tus alternativas.

Sin embargo, tu misión de vida no cambia, no está atada a las circunstancias; es el encargo que tienes por parte del cielo, por lo tanto, reinventarte te llevará a arreglar lo que tengas que arreglar y construir tu propia vida, tu propia historia, para cumplir con aquello que el cielo te ha encomendado y que es inamovible.

PODEMOS DEJAR ATRÁS AQUELLO QUE NO SE PUEDE CAMBIAR PARA ABRAZAR AQUELLO QUE SÍ QUEREMOS VIVIR.

Cada noche es un tiempo que queda para siempre en nuestra mente y corazón; innumerables veces cansados o con mil cosas pendientes por terminar, a veces más apurados que tranquilos, tenemos un compromiso infaltable de no dejar que nada nos robe la oportunidad de esos minutos preciosos de lectura con nuestras hijas.

«Leemos en la cama ya que la lectura está a medio camino entre la vida y el sueño», dijo Anna Quindlen, así que nos movilizamos, preparamos el ambiente y, libro en mano, empezamos a viajar a través de las palabras. Mientras a ellas les da sueño, esos momentos a nosotros nos despiertan y dan claridad.

Alístate para dormir dando gracias al que nos permite vivir. ¡Buenas noches!

¡Ah! Y como alguien dijo alguna vez: «El último en soñar, que apague la luna».

32
PINTA LA NOCHE

Pedro pasó toda la noche trabajando, sin éxito alguno. Ni un pescado. No le iba bien ni en lo que se suponía que sabía hacer. Tal vez pensó: «¿En qué otra cosa más puedo fracasar?».

Él no solo vio una red vacía, vio un destino perdido detrás de ella. Lo invadió la frustración de haber perdido su futuro y tenía sentimientos de remordimiento y resignación.

Esta fue la situación de este experimentado pescador. Jesús había llegado a su vida un tiempo atrás para cambiarla, le había dado propósito y valor, pero tras haberle fallado, Pedro quiso volver a pescar (quiso regresar a su antigua vida) pero no le fue bien, porque una vez que conoces a Jesús no hay nada bueno en ir a buscar al pasado.

UNA VEZ QUE CONOCES A JESÚS NO HAY NADA BUENO EN IR A BUSCAR AL PASADO.

Aquí la historia se pone muy interesante: lo mejor para Pedro empezaría donde él pensaba que era el fin de todo.

Jesús hace su aparición en el lugar donde justamente se habían conocido con Pedro: en la playa, en el lugar al que volvemos cuando las cosas no nos salieron bien, el lugar donde estábamos antes de emprender y de haber sido desafiados a una misión mayor de lo que imaginábamos. ¿Por qué será que una vez que nos sentimos sucumbir siempre volvemos ahí, al lugar que pensamos que nunca deberíamos haber dejado?

Jesús entra en escena, sabe que encontrará a Pedro donde lo vio la primera vez. El Cristo conoce la dirección adonde nos llevan nuestros fracasos, y ahí va a buscarnos.

Estaban en la barca, como a unos cien metros de la costa, y de repente vieron una silueta en la playa; Pedro se arrojó al agua y, al acercarse a la orilla, divisó una fogata con carbón ardiendo sobre algunas piedras. Se sentía un delicioso aroma a pescado asado y sobre las brasas también había pan calentito, listo para comer. Jesús había preparado un buen desayuno para compartir con sus amigos, en especial con Pedro, porque había algo que quería decirle.

Todos se sentaron sobre el tronco puesto de forma horizontal frente al fuego. Cuando terminaron, saciados por la comida y cobijados por la fogata, Jesús fue a caminar solo con Pedro por la orilla del mar. Al principio, Pedro se entristeció pensando que Jesús dudaba de él, y por eso le preguntaba varias veces si lo amaba, pero después se alegró de que Jesús le hubiera dado tres oportunidades de declararle su amor, como para borrar aquellas tres veces que había negado conocer a su Maestro. A esa altura, poco a poco, Pedro empezaba a sentirse aliviado y agradecido.

Esa mañana, así como la niebla se esfumaba suavemente dando paso al amanecer, las dudas de Pedro también comenzaron a disiparse; una nueva oportunidad empezaba a calentarle el alma, así como las brasas le habían entibiado el cuerpo.

Esto fue lo que ocurrió con Pedro después de aquella mañana: a pesar de sus dudas y temores acerca del futuro, aceptó el desafío de Jesús. A partir de ese desayuno dedicó su vida totalmente a la causa del Reino.

Más allá de nuestros errores, un nuevo amanecer puede llegar; a Pedro se le otorgó otra oportunidad, y lo mismo puede ocurrir contigo. No todos los días se nos abre otra posibilidad, así que él aprovechó la que tuvo frente a sí: un desayuno, una caminata, una conversación, una oportunidad y un nuevo amanecer empezaban a asomar en su vida más allá de lo imaginado.

¡Con razón Pedro no se detuvo luego en su misión de llevar el evangelio de las nuevas oportunidades a todas partes, y aun a Roma, donde lo mataron! Si alguna vez te preguntaste qué fue lo que hizo que Pedro aceptara ser crucificado cabeza abajo, ya tienes la respuesta.

Ese desayuno trazaba una nueva serie de líneas que revelarían la pintura original que el Maestro ya había pensado tiempo atrás. La propuesta inicial seguía intacta; el plan original de Jesús para Pedro seguía aguardando como si nada hubiera pasado.

De alguna manera, la noche más oscura se convierte en una noche brillante, como esas de películas, o mejor aún, como aquellas descriptas en los cuentos de niños, de esas en las que finalmente el dragón que quería robarse los sueños es derrotado y en las que el final esperanzador llega. Es una escena donde puedes abrazar tu presente y vivir agradecido, recordando que Jesús es ese amigo que no se va cuando otros te han dado la espalda, y que cuando las cosas no resultan te ayuda a juntar los pedazos y construir todo de nuevo.

Todo cambia cuando recibimos la inexplicable gracia de Dios, que llega como lo que es: un regalo inmerecido, un viento a favor que aparece repentinamente. Son redes que se llenan milagrosamente, es ese calor que deshace el frío de la culpa, así como aquella fogata en la playa calentaba un memorable desayuno.

Una pregunta y una decisión

Ni bien terminaron de desayunar, Jesús le preguntó a Simón Pedro:

—Simón, hijo de Juan, ¿me amas más que estos?

—Sí, Señor, tú sabes que te quiero —contestó Pedro.

—Apacienta mis corderos —le dijo Jesús.

«¿Me amas?». ¡Hora de retomar el destino! «Pedro, ¿me amas?». ¡Hora de regresar a la misión! Y esta es la buena noticia que llega a la orilla de tu vida: ¡puedes cambiar, tienes otra oportunidad! ¿Lo amas? ¡Es hora de volver a empezar!

PAOLO Y KAREN LACOTA

Todo lo que has vivido puedes usarlo para contribuir a la vida de otros, y así como lo hemos visto a lo largo de este libro, encontrarás razón y propósito en el proceso.

Justamente esa debería ser tu estrella polar, la que guíe tus acciones, tu meta, lo que tienes por delante. Aquí es donde descubres y desarrollas madurez, y precisamente la madurez consiste en ver y aprovechar las oportunidades que tenemos por delante. Nunca habrá un borrador para corregir el pasado, pero siempre habrá un lápiz para escribir el futuro.

> **TODO LO QUE HAS VIVIDO PUEDES USARLO PARA CONTRIBUIR A LA VIDA DE OTROS.**

Tu decisión debe ser indeclinable. Reinventarte requerirá enfoque, fortaleza y sacrificios. No puedes crear sin tensión; vas a tener que convivir con el miedo de que quizás algo podría no funcionar, pero tienes la oportunidad de volver a empezar.

Puedes pintar la noche más oscura de tu vida con los colores de un nuevo amanecer, que no solo traerá un nuevo día sino también un nuevo futuro, que hasta podría ser mejor de lo que imaginaste. Por eso, anímate a dejar atrás todo lo que has vivido y enfócate en construir tu futuro, ya que es donde vivirás el resto de tu vida.

Inspírate en este poema, atribuido a Mario Benedetti:

Vivir la vida y aceptar el reto,
recuperar la risa,
ensayar el canto,
bajar la guardia y extender las manos,
desplegar las alas
e intentar de nuevo,
celebrar la vida y retomar los cielos.

¡No te rindas!

Los años han pasado y la vida de aquel curtido pescador ha cambiado para siempre luego de aquella fogata y aquella inolvidable conversación. Con el correr del tiempo, Pedro se convirtió en ese pescador de hombres que Jesús mencionó tiempo atrás; el episodio de su error y traición quedó solo como una página oscura dentro de una historia épica. Nuevos capítulos comenzaron a escribirse, y algunos recordarán a Pedro como el que con su sombra sanaba a la gente, mientras que otros lo recordarán como el predicador a través del cual miles se convirtieron. Su futuro fue redibujado. Pedro persiguió su misión hasta el último de sus días y dejó un legado invaluable para la fe de millones de personas en todo el mundo, incluso veintiún siglos después.

Una buena parte de sus últimos días Pedro la dedicó a escribir. En uno de esos últimos escritos nos regaló estas palabras que hacen eco en la eternidad, las que podemos encontrar en 1 Pedro 5:10 (NVI):

Y, después de que ustedes hayan sufrido un poco de tiempo, Dios mismo, el Dios de toda gracia que los llamó a su gloria eterna en Cristo, los restaurará y los hará fuertes, firmes y estables.

¡Eso sucedió con Pedro y también puede ocurrir contigo!

Una cita con el futuro

El pequeño Walt no se resignó a quedarse varado en sus malas temporadas y escribió una historia memorable con su vida y acciones, las cuales solo podían habitar en la mente de un niño. Lo que parecían solo garabatos se convertirían luego en el mágico mundo de Disney.

Los hermanos Wright, dueños de una tienda de bicicletas,

PAOLO Y KAREN LACOTA

superaron los mayores reveses que podrías imaginar y lograron hacer posible lo imposible: hacer que el hombre vuele.

El querido Charles Schulz entregó su vida, energía y esfuerzos a compartir buenas noticias a través de su recordada tira de historietas *Peanuts*, volcando decididamente su vida a lo que sabía hacer y amaba compartir: sus historietas. Batalló con mil imposibilidades y hasta con una enfermedad terminal, pero eso no impidió que su legado se truncara, y hasta el día de hoy disfrutamos de las aventuras de Charlie Brown, Lucy y el perrito Snoopy.

LA BELLEZA EN MEDIO DEL DESCONCIERTO ES QUE APRENDERÁS, CAMBIARÁS, TE LEVANTARÁS Y VERÁS LA VIDA CON UN PRISMA DIFERENTE.

Y Pedro, el curtido pescador, vivió cada día de su vida honrando la oportunidad que recibió en aquel amanecer, en ese desayuno que vino acompañado de la misión de su vida: «Apacienta mis corderos».

Así como ellos nos enseñaron con sus vidas, es tiempo de no conformarse, hay que desafiar al *statu quo*, animarse a ser irreverentes al qué dirán, a faltar el respeto a la hipocresía y a hacer oídos sordos a las opiniones no solicitadas. Es tiempo de desarrollar un hambre de agradar a Dios, de servir a los demás y de animarse a vivir auténticamente; es hora de reinventarse y de entrar en acción.

La vida es un boceto, un borrador, es esa hoja del *storyboard* donde hacemos garabatos tratando de dibujar el futuro que imaginamos. Tus errores te dicen «No mereces un mejor futuro» y «Perdiste la oportunidad de alcanzar aquello que soñabas», pero ¿has considerado que podría ser totalmente al revés, que tus errores y fracasos podrían dejarte más y mejores enseñanzas que algunas de las victorias o éxitos?

La belleza en medio de este desconcierto es que aprenderás,

cambiarás, te levantarás y verás la vida con un prisma diferente. Grábate esto: aun de tus peores temporadas pueden surgir las mayores oportunidades y enseñanzas.

Hoy puedes ser una persona auténtica, feliz, generosa, creativa, comprometida, libre de complejos, eterna aprendiz; tal vez con algunas cicatrices pero con aprendizajes de vida invaluables, puedes ser alguien que desarrolló el arte de reinventarse y no se resignó a vivir anclado o anclada al pasado, alguien que tomó el timón de su vida y se regaló la libertad de crear.

Todo empieza con un lienzo, con una hoja en blanco. Escribe el relato de tu historia, una conmovedora y vibrante historia llena de aventuras, de giros inesperados y sorpresas divinas, una auténtica odisea con profundas lecciones de vida.

Cierra la puerta detrás de ti a lo que fue y abre la que tienes enfrente, la de la posibilidad. Haz una *destrucción creativa:* deja atrás el mapa antiguo y las estructuras pasadas y construye algo mejor, con nueva información provista por la inteligencia contextual.

Mejor que predecir el futuro es crearlo. Es tiempo de reinventarte, de abrazar lo incierto y aventurarte a lo nuevo para tu vida. ¡Es hora de activar tus proyectos, de la puesta en marcha a todo vapor de…

tu imaginería!

BIBLIOGRAFÍA

-Carpenter, Humphrey. *Los Inklings*. HomoLegens. Madrid, 2008.

-Catmull, *Ed. Creatividad S.A.* Penguin Random House Grupo Editorial. Conecta. 2014.

-Charreau, Marrion & Johnson, Jenifer L. *Piensa y comunica tus ideas con el storyboard method*. Conecta. Penguin Randon House Grupo Editorial. 2019.

-Cook Comunications Ministries. Honor Books. *Puedes cambiar el mundo*. Editorial Peniel. 2004.

-Furtick, Steven. *Descalificado*. Whitaker House. 2017.

-Iger, Robert. *Lecciones de liderazgo creativo*. Conecta. Penguin Randon House Grupo Editorial. 2020.

-Kinni, Theodore. *Disney y el arte del servicio al cliente*. Panomara Empresa. 2011.

-Roam, Dan. *Tu mundo en una servilleta*. Centro libro PAPE S.L.U. Gestión 2000. Grupo planeta. Barcelona, 2010.

-Stalman, Andy. *Brandoffon, el branding del futuro*. Gestión 2000. 2014.

-Sterman, Demian. *Historias de fracasos y fracasados que cambiaron el mundo*. Paidós. 2017.

-Vidal, Marc. *La era de la humanidad*. Ediciones Deusto. 2019.

-Vischer, Phil. *Me, Myself & Bob*. Thomas Nelson. 2006.

-https://www.nytimes.com/es/2019/01/16/nazis-libros-robados/

-https://es.aleteia.org/2016/12/27/muchos-famosos-fueron-rechazados/ Historia de U2

-https://ipmark.com/andy-stalman-branding-entrevista/

¡SUSCRIBE A TU MINISTERIO PARA DESCARGAR LOS MEJORES RECURSOS PARA EL DISCIPULADO DE LAS NUEVAS GENERACIONES!

Lecciones, bosquejos, libros, revistas, videos, investigaciones y mucho más

e625.com/premium

Suscripción de materiales premium para iglesias
Recursos gratis
Tienda con envíos internacionales
Chat en tiempo real
Revista Líder 6.25
FAMILIAS + IGLESIAS SANAS FUERTES
PASTORES
NIÑOS
INSTITUTO e625
Educación online www.institutoe625.com
Libros Online
Seminarios para iglesias locales
Eventos de actualización ministerial
e625.com
TE AYUDA TODO EL AÑO